# 保育士になろう!

中野悠人 Nakano Yuto／山下智子 Yamashita Tomoko

青弓社

# 保育士になろう！／目次

## 第3章 保育士の就職対策 65

装丁――神田昇和

章扉イラスト――やましたまな（多摩美術大学在学

ウェブサイト「空とぶぁべこべ」

[http://manakerocelo.tumblr.com/]）

# 第1章
# 保育士とは？

# 1　五分でわかる保育士

## ▼▼▼保育士って何？

あなたが「保育士」という言葉を聞いたとき、どんな職業を思い浮かべるでしょうか。おそらく多くの人は「保育園の先生」といったイメージを思い浮かべると思います。少し前までは「保母さん」という愛称で親しまれていた職業です。これは、一九九九年に児童福祉法が改正されるまで「保母資格」という名称だったことから、「保母さん」という呼び名が一般的に広がっていました。

しかし、徐々に男性も保母資格を取得するようになり、「母」という女性を連想させる言葉が使われていることへの疑問の声や男女雇用機会均等法の流れを受け、「保育士資格」という名称に変更されました。

では保育士とは何か。冒頭で書いたように、一般的には「保育園の先生」というイメージがあるのではないかと思います。

そもそも保育園は、保育士資格を有する職員が必ず在籍していなければ運営できません。保育補助という形で資格がなくても保育園で働くことはできますが、保育をする環境では必ず保育士が子どもたちの近くにいなければならない決まりがあるためです。

このように保育園にいるのが保育士というイメージが強いですが、実は保育園以外でも保育士が

表1　保育士が働く職場

| 施設名 | 概要 |
|---|---|
| 乳児院 | 様々な事情によって、家庭で育てることが困難な乳幼児を保護して、養育することを目的とした施設 |
| 児童養護施設 | 保護者のない児童や虐待されている児童など、養護を要する児童（1歳以上18歳未満）を入所させ、養護するとともに、自立のための援助などをおこなうことを目的とする施設 |
| 母子生活支援施設 | 配偶者がいない母子家庭を入所させて保護し、自立・生活を支援することを目的とする施設 |
| 知的障害児施設 | 知的障害がある児童を入所させて保護し、独立・自活に必要な知識技能を与えることを目的とする施設 |
| 児童館・学童クラブ | 保護者の就労などの事情で、放課後に保護する者がいない家庭の主に低学年児童を安全に保護し、集団育成指導をおこなう施設 |
| 院内保育施設 | 病院内に設置される保育施設 |

働いている職場はたくさんあります。施設としては、乳児院や児童養護施設、各種障害児施設、児童館など様々な職場で活躍しています。

これは、保育園以外の施設などでも保育士を一定人数以上配備することを義務づけられているためです。各種施設、児童館や学童クラブ、病院、ベビーシッターなどで勤務する場合も資格保有者を条件とする場合もあり、保育士資格は幅広い職業に対応できる国家資格といえるでしょう。

また、年齢に関係なく続けられ、女性としてはハンディになりがちな結婚・出産の経験もプラス材料として扱われますので、女性にとってはさらに魅力的な資格です。資格をとることで就職や転職、再就職には有利ですし、将来の子育てにも十分に生かすことができます。

## ▼▼▼保育士の仕事内容

保育士の仕事内容といっても、いろいろな施設で保育士が活躍しているため、一言で説明することは難しいですが、本書では「保育園で働く保育士」をおもに取り上げます。以下では大きな視点から見た保育園での仕事内容を解説していきますが、実際の保育現場などの詳細については第4章「実際の保育の現場について」以降を読んでください。

保育園では子どもを預かることが仕事ですが、もちろんただ預かればいいわけではありません。保育園での生活を通して、子どもに基本的な生活習慣を身につけさせる指導や子どもの安全を確保することなども保育士の責任です。

たとえば、子ども同士のケンカなどは日常茶飯事です。大人の世界の常識などはもちろん子どもは知りません。「なぜいけないのか」「そういうことをしたら相手はどう思うだろうか？」といった根本的なところから教えていく必要があり、根気もいりますし、寛容な心で温かく見守っていかなくてはなりません。

時間的に見ると子どもの親と同じくらい、もしくはそれ以上の時間を保育士と過ごすわけですから、子どもの成長にとって保育士はとても大切な存在です。

保育園では施設によっても異なりますが、新生児から未就学時まで（〇歳から六歳まで）の子どもたちを預かります。この年齢は見た目にも人間の中身としても大きな変化がある年齢です。

ほんの数カ月見ないうちに体も大きくなっていますし、一人でできることが増えたり、友達と遊ぶことを覚えたりします。保育士のまねをする子などもいますから、子どもの人格形成に与える影響もはかりしれません。

責任もあり、大変そうと感じるかもしれませんが、その分とてもやりがいがある仕事です。子どもたちと一緒に生活し、成長を見届けて卒園させるということは本当に感動的で、保育士をやっていてよかったと思えることの一つです。

## ▼▼▼まとめ

ここまで簡単にですが、「保育士って?」という疑問に答えるように書きましたが、少しは保育士についてのイメージが伝わりましたか?

保育士は「子どもが好き」という人にとっては天職とも呼べる職業です。逆に言うと、「子どもが苦手」な人にはあまり向いていない職業かもしれません。

「保育士って子どもと楽しく遊んで仕事になるからいいなぁ」と思っている人もいるかもしれません。確かにそういった時間もあるので否定はしませんが、実際の職場では想像もつかないことがたくさん起こります。子どもが好きだったけれど、その子どもたちに悩まされて辞めてしまう保育士も実際にいるのです。

本書では、保育士のいい面も紹介していきますが、大変なことやつらかったことなど、悪い面も隠さず紹介していきます。保育士という職業について、できるだけリアルにわかってもらえたらと思うからです。

この本が保育士に興味をもっている人にとって少しでも参考になれば幸いです。

(中野悠人)

# 2 保育士になるには？

実際に保育士になるためには、保育士資格を取得後、都道府県に保育士登録をおこない、初めて保育士と称して保育の業務にたずさわることができます。これは二〇〇三年の児童福祉法改正によって、「保育士資格証明書」などの証明書類だけでは、「保育士」として業務をおこなうことができなくなったためです。また、この改正以降、保育士資格は国家資格となりました。二〇一三年十月一日現在、百十九万三千三百九十四人（男五万二百七十七人、女百十四万三千百十七人）が保育士登録しています（「保育士登録機関登録事務処理センター」〔http://www.hoikushi.jp/〕を参照）。

資格取得方法としては、「保育士試験を受験」して取得する方法と、「保育士資格がとれる養成学校（大学・短期大学・専門学校）を卒業」して取得する方法の二種類があり、それぞれにメリットとデメリットがあります。

## ▼▼▼保育士資格の取得方法

①保育士試験を受けて合格する

都道府県が実施する試験制度で、年に一回（八月）おこなわれています。受験資格を満たせば誰でも受験することができるため、社会人を続けながら資格取得をめざす人や、結婚して出産後に保育士をめざす主婦など、幅広い年齢層の方が受験することが可能です。

　まず一次試験として筆記試験（九科目）があり、そのすべての科目に合格すると実技試験に進めます（受験資格・試験内容などの詳しいことについては、第2章で解説します）。そして実技試験に見事合格すると保育士資格が得られます。

　最初の関門である筆記試験には傾向と対策が必要です。合格科目の繰り越しのシステムがあるものの、最終的に九科目すべてをクリアしなくてはなりません。得意な科目でたくさん点数をとったからといって、ほかに反映されるわけではないので、すべての科目を合格ラインまでもっていく必要があります。

表2　保育士試験データ

| | 受験申請者数 | 合格者数 | 合格率 |
|---|---|---|---|
| 平成24年 | 52,257 | 9,726 | 18.6% |
| 平成23年 | 49,307 | 6,957 | 14.1% |
| 平成22年 | 46,820 | 5,324 | 11.4% |
| 平成21年 | 41,163 | 5,204 | 12.6% |
| 平成20年 | 37,744 | 3,989 | 10.6% |

（出典：「キャリアステーション」〔http://www.career-station.co.jp/examination/conditions.html〕）

②単独で保育士資格がとれる養成学校（大学・短大・専門学校）を卒業する
　養成学校（保育系の四年制大学・短大・専門学校）を卒業することで資格を取得することができます。養成学校は必要な単位を習得して卒業すれば、保育士試験を受験しなくてもすむため、高校卒業後の進路として保育士をめざす人は、こちらの方法をとることが圧倒的に多いのです。また、社会人を経験したのち、保育士という仕事に興味をもった人が入学してくる場合もあります。

　卒業さえできれば、二年間（短大などの場合）で確実に資格がと

表3　保育士資格の取得のメリットとデメリット

| | 保育士試験 | 養成学校 |
|---|---|---|
| 費用 | 安い<br>（受験費用、通信講座教材など） | 高い<br>（大学・短大・専門学校の学費） |
| 期間 | 半年〜 | 2年〜 |
| 資格取得 | 保育士試験に合格することが必要 | 卒業と同時に取得できる（例外あり） |
| 特徴 | 仕事などをしながらでも資格取得が目指せる | 保育士試験が免除される（例外あり） |

れるため魅力的です。ただし注意点として、すべての保育系の学校が卒業と同時に保育士資格を取得できるわけではありません。保育士試験を受験しなければならない学校もまれにあります。入学後に気づいたということにならないように、事前によく確認しておきましょう。

また学校によってはそのほかの資格も取得できるなど、それぞれ特徴があります。ピアノの授業に強いところや、スポーツを取り入れている学校など様々です。資格が取得できればどこの学校でも同じと思ってしまったり、最初に見学に行った学校の雰囲気がいいからとその場で即決してしまったりするのではなく、必ず何校か見学して比較するようにしましょう。

## ▼▼▼資格取得後に大切なこと

保育士試験に合格したあとすぐに保育園で働くことはできません。「保育士資格証明書」だけでは保育士として就業することが許可されていないのです。

保育園で働くには必ず、保育士登録という大切な手続きがあります。全国の都道府県から委託されている登録事務処理センターで登録後、都道府県知事からの保育士証の交付を受けてようやく保育士として働くことが認められます。登録には四千二百円の費用がかかります。養成学校では在学中に手続きをしてくれる場合が多いのであまり心配しなくていいですが、一連の手続きの流れはおさえておきましょう。

（中野悠人）

## 3　ニーズが高まる保育士

日本では少子高齢化が進み、子どもが少なくなっているということは誰もが知っている事実です。ですから「子どもが減っているのなら保育士の仕事も減っていくのでは？」と思っても不思議ではありません。しかし近年、保育所が不足し、保育所に入りたくても入れない児童が問題となっています。それらの児童を「待機児童」と呼びます。

二〇一一年十月時点で、二万五千五百五十六人（図1）の待機児童がいて、子どもを預けたいと思っていても預けられない家庭が多く存在しているのです。国や自治体もこの現状を改善しようと動いていて、保育所の整備を急ぎ、認可保育園への企業参入などを促してきました。ただ、参入条件の厳しさや整備費用などの問題から、思うように進んでいないのが現状です。

このような背景から、保育士の就職に関しては「売り手市場」の状態が続いています。保育所が特に不足している都市部では、地方まで出向いて人材を確保する例もあります。それほど保育士の

図１　全国の待機児童の推移

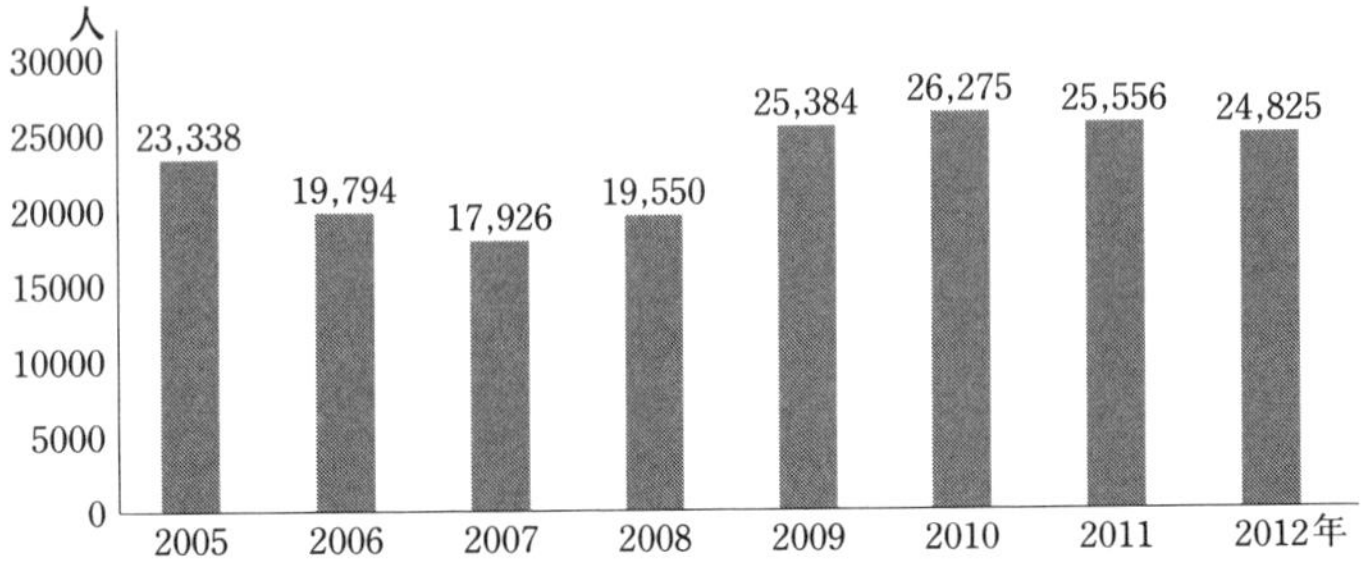


（出典：厚生労働省「保育所関連状況取りまとめ（平成24年4月1日）」〔http://www.mhlw.go.jp/stf/houdou/2r98520000022mcp.html〕から作成）

ニーズは高まっていて、需要がある国家資格になっています。

保育士のニーズの高まりには、時代背景や保育士の設置義務など様々な理由があります。ここでは主な理由を詳しく解説していきます。

## ▼▼▼働く女性が増えたこと

長引く不況の影響もあり、結婚後専業主婦になる女性が一般的だった時代は終わり、夫婦共働きが当たり前のような時代になりました。

女性の社会的地位が上がってきたことや、男性一人の経済力では家計が苦しいと感じる家庭が増えてきたなどの背景があります。働く女性が増えれば、必然的に保育所に子どもを預けたいという絶対数は増えてゆき、保育所の需要が比例して高まっていくわけです。

さらに、九時から十七時までという勤務体系も、時代の移り変わりとともに変化してきました。夜遅い勤務帯の仕事も珍しくなく、保育時間の延長で対応する延長保育なども標準的になりつつあり、今後さらに需要は多様化し拡大していくと思われ

図2　働く女性の推移

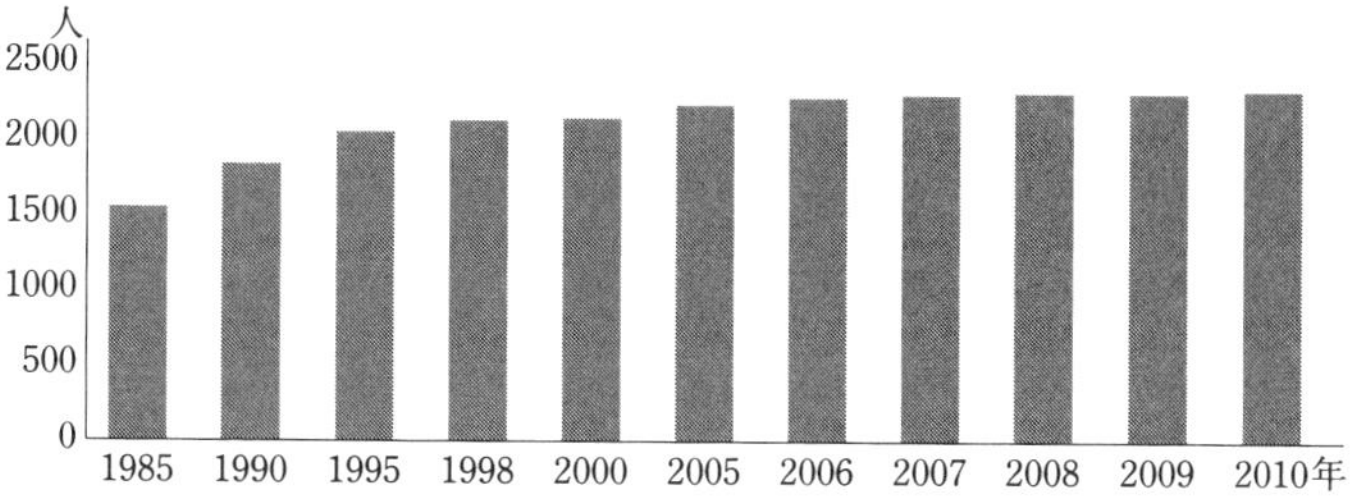


（出典：厚生労働省「平成22年版　働く女性の実情」3ページ〔http://www.mhlw.go.jp/bunya/koyoukintou/josei-jitsujo/dl/10a-all.pdf〕から作成）

ます。そういったライフスタイルの変化に伴い、保育士という存在の必要性も増していくはずです。

　経済が上向けば働く女性が減るかもしれませんが、将来的に日本の経済状態が劇的によくなることは難しいと思われます。そのため女性が子どもを預けて働く傾向は今後も変わらないでしょう。国や自治体も待機児童の解消には積極的に取り組んでいくことが予想されることから、しばらくは保育士不足の状態は続くことでしょう。

## ▼▼▼企業内の保育所も増えている

　企業内では、いままでよりもさらに充実した社員向け育児支援を求める声が高まっています。企業としても優秀な人材を出産・育児をきっかけに失いたくないという考えから、事業所内に社員のための保育施設を設置する企業が増加しています。最近では、一定規模以上の企業に保育施設の設置を義務づける民間主導の少子化対策が提案されたこともあり、今後の動向が注目されています。

## ▼▼▼保育士資格は保育所以外でも需要がある

保育所だけではなく、様々な施設で保育士を配置する義務が課せられています。そのため保育士資格を必要とする職場が多いことからニーズも高まりやすくなります。以上が主な施設です。保育士は保育所での幼児の保育だけにとどまらず、これだけ多くの施設か

表4　保育士を配置する義務がある児童福祉施設や保育士資格者を必要としている施設

| 施設名 | 概要 |
|---|---|
| 乳児院 | 様々な事情によって、家庭で育てることが困難な乳幼児を保護して、養育することを目的とした施設 |
| 児童養護施設 | 保護者のない児童や虐待されている児童など、養護を要する児童（1歳以上18歳未満）を入所させ、養護するとともに、自立のための援助などをおこなうことを目的とする施設 |
| 母子生活支援施設 | 配偶者がいない母子家庭を入所させて保護し、自立・生活を支援することを目的とする施設 |
| 知的障害児施設 | 知的障害がある児童を入所させて保護し、独立・自活に必要な知識技能を与えることを目的とする施設 |
| 児童館・学童クラブ | 保護者の就労などの事情で、放課後に保護する者がいない家庭の主に低学年児童を安全に保護し、集団育成指導をおこなう施設 |
| 院内保育施設 | 病院内に設置される保育施設 |

※その他にも、肢体不自由児施設、重症心身障害児施設、盲ろうあ児施設、児童自立支援施設などの様々な施設で保育士資格が必要とされている

らその力を必要とされています。社会一般的には「保育士＝保育所」というイメージが強いですが、保育士資格者が様々な施設で活躍していることがおわかりいただけたでしょうか。これから保育士をめざす人にとっては、幅広い職種に対応できる保育士資格をより魅力的に感じてもらえるのではないかと思います。

（中野悠人）

## 4　保育所以外でも活躍する保育士資格

保育士資格を有した人が保育所以外で働くことも珍しくはありません。保育所以外の職場は、意外に思われるかもしれませんがたくさんあります。例として、いくつかの職場と保育士の関わりを紹介していきます。

### ▼▼▼児童福祉施設とは

児童福祉施設とは、児童福祉に関する事業をおこなう各種の施設です。国や都道府県、市町村、または社会福祉法人などが設置することもでき、保育所もこのなかの一つの施設です。

表５　保育士を配置する義務がある施設
児童福祉施設最低基準　「従うべき基準」一覧表　抜粋

| 施設名 | 内容 |
| --- | --- |
| 乳児院<br>（乳幼児10人以上を入所させる乳児院の職員） | ・看護師の配置（最低7人配置）<br>2歳未満の乳幼児おおむね1.7人につき１人<br>2歳～3歳未満の幼児おおむね2人につき1人<br>3歳以上の幼児おおむね4人につき1人<br>※看護師は、保育士又は児童指導員をもって代えることができる<br>（ただし、乳幼児10人の乳児院には2人以上、乳幼児10人を超える場合は、おおむね10人増すごとに1人以上の看護師を配置）。<br>※乳幼児20人以下を入所させる場合には、上述の保育士のほか、保育士を1人以上配置。 |
| 乳児院<br>（乳幼児10人未満を入所させる乳児院の職員） | ・看護師の配置（最低7人配置〔1人を除き、保育士又は児童指導員で代替可能〕） |
| 母子生活支援施設 | ・保育所に準ずる設備の保育士の配置（最低1人配置）乳幼児おおむね30人につき1人 |
| 児童養護施設の職員 | ・児童指導員、嘱託医、保育士、個別対応職員、家庭支援専門相談員、栄養士、調理員、（乳児が入所している施設の場合は）看護師、（対象者10人以上に心理療法をおこなう場合は）心理療法担当職員、（実習設備を設けて職業指導をおこなう場合は）職業指導員<br>・児童指導員及び保育士の配置（児童45人以下を入所させる施設にあっては、下記に更に1人以上を加える。）<br>3歳未満の幼児おおむね2人につき１人<br>3歳以上の幼児おおむね4人につき1人<br>少年おおむね6人につき1人 |
| 情緒障害児短期治療施設の職員 | ・精神科又は小児科の診療に相当の経験を有する医師、心理療法担当職員、児童指導員、保育士、看護師、個別対応職員、家庭支援専門相談員、栄養士、調理員 |

（出典：「児童福祉施設最低基準の条例委任について」〔http://www.mhlw.go.jp/bunya/kodomo/syakaiteki_yougo/dl/02.pdf〕）

### ▼▼▼児童養護施設・乳児院

児童福祉法第四十一条には、「児童養護施設は、保護者のない児童（乳児を除く。ただし、安定した生活環境の確保その他の理由により特に必要のある場合には、乳児を含む。以下この条において同じ。）、虐待されている児童その他環境上養護を要する児童を入所させて、これを養護し、あわせて退所した者に対する相談その他の自立のための援助を行うことを目的とする施設」と記載されています。「環境上養護を要する」児童とは、家庭の経済的な理由や、虐待など様々な理由をもつ子どもです。入所できる年齢は基本的に二歳以上十八歳未満（場合によっては二十歳まで延長可能）で、乳児（二歳未満の者）の場合は乳児院への入所となります。

二〇一〇年度の統計では、全国の児童養護施設は五百八十二カ所、在籍児童数二万九千九百七十五人となっています（図3）。

近年では、児童福祉法改正によって、特に必要な場合に限り、乳児も児童養護施設に入所させることができるようになり、同じく乳児院でも二歳以上の幼児を入所させることが認められ、連携も進んでいます。児童福祉施設の設備と運営に関する基準によって、児童養護施設・乳児院にも入所人数に対して一定数の保育士を置かなければならない決まりがあり、保育士資格を有した人が多く働いています。

図3　全国の児童養護施設の数と在籍児童数

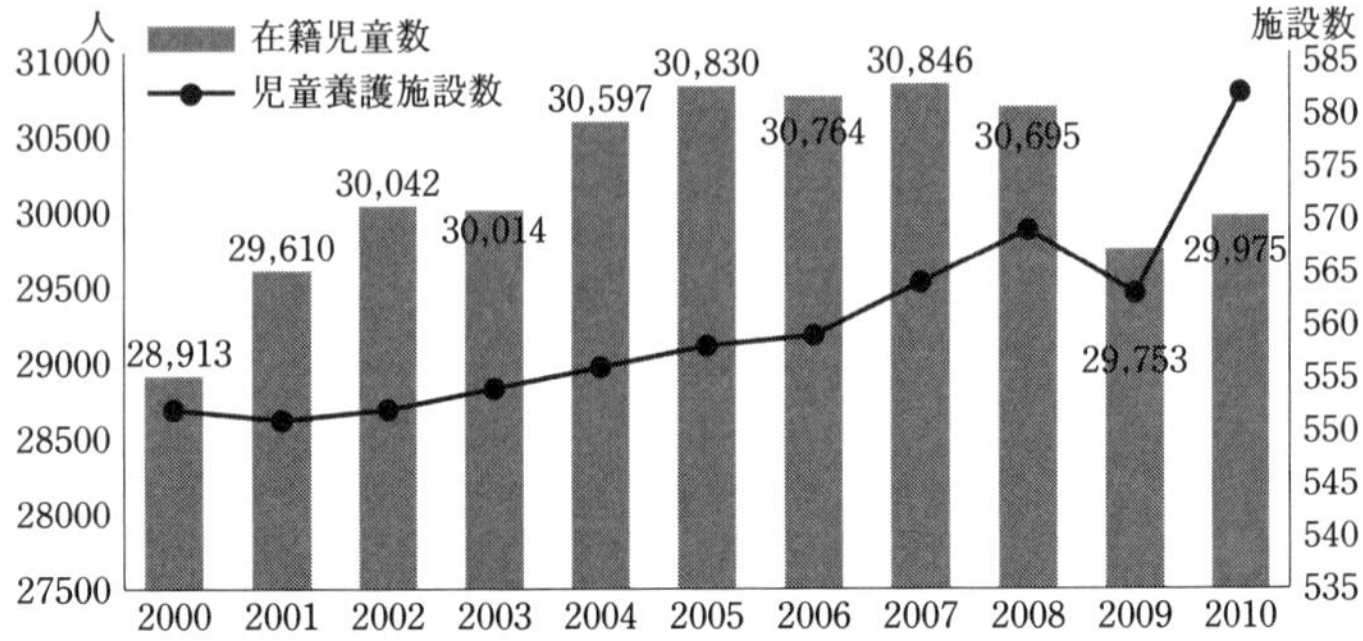


（出典：「児童養護施設のご紹介」「全国児童養護施設協議会」〔http://www.zenyokyo.gr.jp/intro.htm〕から作成）

## ▼▼▼学童クラブとは

仕事などの事情で、保護者が昼間いない家庭を対象に、放課後から子どもを預かる保育施設です。地方自治体もしくは民間によって設置・運営されています。

仕事内容としては、原則として小学校一年生から四年生までの学童の保育をおこない、生徒が学校に行っている間にもお便りの作成や行事の企画・準備、おやつの用意などといった作業があります。

学童クラブは特に資格がなくても勤務することができますが、保育士資格や幼稚園教諭の免許などがあると就職に有利です。

小学校に併設されていることや、自治体の公民館に機能が附属していることが多いです。

## ▼▼▼知的障害児施設とは

知的障害児施設は、知的障害がある児童を入所させて、自活に必要な技能や知識を習得させる施設です。入所する児童にとって、障害がある前提で保育をおこなうため、その児童に合った保育を受けやすい環境があります。ここでも保育士の設置義務があり、たくさんの保育士資格者が活躍しています。

（中野悠人）

## 5　保育所と幼稚園の違い

未就学の子どもが通う「保育所」と「幼稚園」はそれぞれに特徴をもち、預ける側、働く側にとっても大きく異なる点があります。保育士をめざす人であっても幼稚園についてある程度のことを把握しておきましょう。

### ▼▼▼給食

保育所では、基本的に給食を食べます。保育施設によっては定期的に「お弁当の日」を設けたりしますが、普段は保育士も子どもたちと一緒の給食を食べます。一方幼稚園では、それぞれの園の方針にもよりますが、保護者のニーズに合わせて給食を実施しているところも多くあります。特徴としては、給食を作る設備をもった幼稚園は少なく、ほとんどが園児用の弁当を作る業者に依頼するようです。また、職員は毎月の給料から、五、六千円程度の給食費を負担する場合があります。栄養がある食事をしっかりとることができるので、働く保育士にとってはとても助かっているとい

表6　保育所と幼稚園の違い

| | 保育所 | 幼稚園 |
|---|---|---|
| 所管省庁 | 厚生労働省 | 文部科学省 |
| 法令 | 児童福祉法 | 学校教育法 |
| 入園できる年齢 | 0歳児〜小学校就学前 | 満3歳〜小学校就学前 |
| 保育時間、保育日数 | 保育園では保育時間が原則8時間以上 | 標準4時間以上 |
| 1年間の保育日数 | 特別な規定なし | 39週を下回らない<br>（特別な事情を除く） |
| 先生の配置基準 | 保育士１人につき<br>０歳児クラス３人<br>１・２歳児クラス６人<br>３歳児クラス20人<br>４・５歳児クラス30人 | １クラス35人以下 |
| 給食 | 義務 | 任意 |
| 保育者（資格） | 保育士（保育士資格） | 幼稚園教諭（幼稚園教諭免許） |
| 先生の勤務体系 | 早番・通常勤務・遅番などシフト体制<br>土曜保育があるため、交代で出勤 | 固定勤務。預かり時間は少ないものの、準備など業務で実際は8時間から12時間程度 |
| 保育内容 | 年齢に合わせた保育をおこない、基本的な生活習慣の指導から、健全な心身の発達を目的とする保育指導など | 園によって特徴があり、こどもの自主性を尊重する自由保育を中心におこなう園や、小学校入学に向けた教育に力を入れている園などがある |

った声をよく聞きます。

### ▼▼▼勤務体系

保育所は、延長保育なども含めると一日十二時間程度開いている保育施設もあり、ほとんどの保育所の職員がシフト体制をとって勤務しています。また土曜保育を実施している場合は、決められた日数の土曜出勤もあります。一方幼稚園では、おおよそ八時くらいから十七時前後までが、求人票などにも記載されている勤務時間の目安ですが、実際は指導や行事などの準備のため定時に帰れることのほうが少ない傾向にあります。基本的に残業代が出るわけではないので、保育所のようにしっかりとしたシフト体制は魅力的に感じられますが、幼稚園には「夏休み」「冬休み」の長期休暇があるため、そこで超過勤務分の時間を相殺する考えの幼稚園もあります。

### ▼▼▼保育内容

保育所の目的は「日日保護者の委託を受けて、保育に欠けるその乳児又は幼児を保育すること」（児童福祉法第三十九条）であり、基本的には生活面を中心とした指導をおこないます。

それに対し、幼稚園の目的は「幼児を保育し、幼児の健やかな成長のために適当な環境を与えて、その心身の発達を助長すること」（学校教育法第二十二条）であり、学習面を中心とした指導をおこないます。

ただし、近年では「保育所と幼稚園がもついいところを合わせて、それぞれの問題点を解決していこう」といった「幼保一元化」の動きが見られます。その背景には、保護者の多様化するニーズや待機児童の問題などがあります。保育園では学習面に力を入れてほしいという声が、幼稚園ではもっと保育時間を延ばしてほしいという声などが高まってきたからです。詳しくは第7章第3節の「幼保一元化」を参照してください。

（中野悠人）

## 6　保育士の給料

二〇一一年の「平成二十三年賃金構造基本統計調査」（「政府統計の総合窓口」〔http://www.e-stat.go.jp/SG1/estat/NewList.do?tid=000001011429〕）では職種別の平均給料などの調査結果を確認することができます。そのなかの保育士の項目では、企業規模計（十人以上）の区分で、平均月収は約二十六万三千円、賞与は約六十五万八千円となっています。これはあくまでも平均ですので、働き始めの二十代は二十万円を下回る場合もあり、都市部か地方かによっても賃金には差が出てきます。

全体で見ると、保育士は給料が低めの業種であり、長期的な給料のベースアップも他業種に比べると小幅な傾向にあります。民間の保育所に就職し、年を追うごとにぐんぐんと昇給していくということはよほど待遇がいい職場でないかぎり難しい状態です。ただし、保育士という職業は景気に左右されにくく、賞与は例年どおりもらえる場合がほとんどで、「今年は景気が悪くてボーナスが出なかった」などという話は耳にしたことがありません。そういった面では、収入が安定している職業といえるでしょう。

また、地方自治体によっては公立の保育所で働く保育士を募集している場合もあり、倍率が高く難関ではありますが、地方公務員として保育士をめざすことができます。公務員の給料はご存じのとおり定期昇給を望めますし、よほどのことをしなければ解雇されることもありません。待遇がグッとよくなるので、生涯保育士として働き続けたいと決めている人には、魅力的な職場といえるでしょう。

## ▼▼▼給料が上がらない施設／上がる施設

これはどの業種でもいえることですが、俗に言う「ブラック企業」のような待遇の民間保育所も残念ながら存在します。過度なサービス残業、低賃金といった環境に悩まされ、辞めていく保育士がいるのも事実です。

保育士という職業にはお金では測れないやりがいというものがありますが、働いた対価としての給料も重要な条件です。保育士自身に心の余裕があってこそ、よりよい状態で子どもたちと関わっていくことができるはずです。そのために事前にしっかりと給料面や待遇を把握しておきましょう。

求人票だけでは、なかなかその施設の実態を把握することはできませんが、以下に「給料や福利厚生が安定している施設の特徴」と「事前によく待遇を確認しておきたい施設の特徴」をまとめました。

安定している施設の特徴
・公立保育所から民営化された保育所
・認可保育所、企業内保育施設、院内保育施設などを展開している企業

事前によく待遇を確認しておきたい施設の特徴
・求人票の内容が不明瞭なところ
・小規模な保育所
・「結婚したら退職」といった暗黙のルールのようなものがある施設

安定している施設の「民営化された保育所」についてですが、まず公立保育所が民営化される場合、その民間保育所は行政側から選定されて運営を委託されます（認可保育所）。保育所ならどこでもいいというわけではなく、認可保育所の場合では、国が認めた設置基準をクリアして都道府県知事に認可された施設であることが条件です。決して、入札や抽選で運営の権利を取得できるわけではないのです。

一例として、見附市の公立保育園の民営化について見てみましょう。
「見附市公立保育園民営化等実施計画」には以下のように記載されています。

（3）移管先の選定　移管先の基本的な考え方は、保育園運営の性格上、保護者の信頼の下で安定的・長期的に運営され保育サービスの維持向上と市の子育て支援施策との連携を目指さなければならないことから、移管先は法人が望ましいと考え、移管先の募集方法については、公募を基本とします。
また、学識経験者や保育関係者等で構成する選定委員会を設置し、移管先を審査決定します。

今後、具体的な応募条件・選定基準を設け、選定していきます。

（「見附市公立保育園民営化等実施計画」七ページから抜粋）


一文には「安定的・長期的に運営」とあり、選定される保育所は財政的に盤石でないといけないことがうかがえるでしょう。財政的に盤石な施設ならば、給料面でもしっかりとしている傾向があります。私の周りにも何人か民営化された園に勤めている友人・知人がいますが、給料面で安定している人が多いですし、離職率も低いです。

「民営化された公立保育所」は就職先の一つの基準として参考になるでしょう。

## ▼▼▼男性保育士の給料についての悩み

保育士のサイトを運営していると様々な質問を受けますが、給料についてもよく質問されます。

「保育士って給料が少ないといわれているので、親から反対されています。僕はどうしたらいいん

だ……」（十代男性）

「保育士という職業に以前から興味があり、転職しようと考えていますが、家族を養っていけるか……」（二十代男性）

質問の多くが、給料面についての不安や、給料の低さを理由に周りから反対されるといった内容です。一般的にも「保育士＝給料が安い」といったイメージがあり、特に男性が保育士をめざす場合は、必ずといってもいいほど給料面の問題にぶつかります。

私はこうした質問がきたときには、まず年齢を確認するようにしています。そして十代・二十代の人には公務員をめざすことで給料面の不安は解消できることを伝えます。ですが、三十代の男性で異業種からの転職に関しては、保育士になることをおすすめしないようにしています。理由としては、質問する人によっても異なりますが、一つは公務員の受験資格が三十歳までの自治体が多いこと。二つ目は、三十代の業界未経験者の男性を受け入れる保育所がなかなか存在しないためです。本来ならば公務員の受験年齢にかかわらず、やりがいがある保育士という職業をめざしてほしいですが、現実には様々な問題があり、女性ならばともかく、男性が三十歳を過ぎてから保育士を志望することはおすすめできません。保育士業界ではまだまだ男性の門戸は狭いといえるでしょう。

男性が保育士をめざすのはいろいろなハードルがあって大変なのでは？と感じてしまうかもしれません。ただ、近年ではどの業種でも生涯安定して働くことが難しい時代になってきました。自分に向いてない仕事でノルマや人間関係に悩まされ、「本当は保育士になりたかった」と思って日々を過ごしていくくらいなら、思い切って挑戦してみることも決して悪くはないはずです。自分の天職を見つけることができるかもしれませんし、たとえ保育士という職業を続けられないとしても、その経験は必ずどこかで生かされるはずです。

（中野悠人）

## 7 実際の保育士の給料明細

### ▼▼▼実際の保育士の給料を見てみよう

図4は、ある保育所で五年間勤務した保育士が実際に受け取った給料明細です。上が勤務一年目、下が勤務五年目のものです。

一年目は基本給と手当がついて二十万円程度（手取りで十六万円程度）です。五年目には基本給と手当がついて二十三万五千円程度（手取りで十七万五千円程度）になりました。

二つの給料明細を比較すると、一年目から五年目にかけて基本給が月額二万二千八百円、調整手当が月額約八千円上がりました。ただし、所得税と各種社会保険料が給料のベースアップに比例して上がったほか、社会人二年目からは住民税が加算されるため、実際に手取りで上がった収入は一万五千円程度になります。ほかにこの保育所では、夏と冬に約二カ月分の賞与が毎年支給されているので、年収ベースで見ると三百五十万円程度になります。他業種と比較すると大幅なベースアップは望めませんが、毎年給料と賞与として安定した金額をもらうことができる職種といえるでしょ

## 給与支給明細書

平成17年　12月分　給与
○○○○○○保育園

| 所属氏名 | 所　属 | 社員番号 | 氏　名 |
|---|---|---|---|
| | ○○○○ | ○○○○ | ○○　○○　様 |

| 勤怠他 | 出勤 | 休出 | 特休 | 有休 | 欠勤 | 有休残 | 出勤時間 | 遅早時間 | 普通残業時間 | 深夜残業時間 | 休出残業時間 | 時間 | 時間 | 時間 |
|---|---|---|---|---|---|---|---|---|---|---|---|---|---|---|
| | 23.0 | | | | | 5.0 | 180:00 | | 2,578<br>2:00 | | | | | |

| 支給 | | | | | | | | | |
|---|---|---|---|---|---|---|---|---|---|
| 基本給 | 調整手当 | 給与調整手 | 管理職手当 | 主任手当 | 扶養手当 | 住宅手当 | 実習 | | |
| 162,200 | 162,200 | 8,000 | | | | | | | |
| | | | | | | | 通勤手当 | 超過勤務手 | 減額金 |
| | | | | | | | 10,050 | 2,578 | |

| 控除 | | | | | | | | | |
|---|---|---|---|---|---|---|---|---|---|
| 健康保険料 | 厚生年金保 | 厚生年金基 | 雇用保険料 | 所得税 | 住民税 | 東社協 | 給食費 | | |
| 8,200 | 14,288 | | 1,592 | −24,547 | | 3,680 | 6,500 | | |

| 総支給金額 | 控除合計額 | 差引支給額 | 銀行1振込額 | 銀行2振込額 | 現金支給額 | 翌月繰越額 | 前月繰越額 |
|---|---|---|---|---|---|---|---|
| 199,048 | 9,713 | 189,335 | 189,335 | | | | |

## 給与支給明細書

平成20年　6月分　給与
○○○○○○保育園

| 所属氏名 | 所　属 | 社員番号 | 氏　名 |
|---|---|---|---|
| | ○○○○ | ○○○○ | ○○　○○　様 |

| 勤怠他 | 出勤 | 休出 | 特休 | 有休 | 欠勤 | 有休残 | 出勤時間 | 遅早時間 | 普通残業時間 | 深夜残業時間 | 休出残業時間 | 時間 | 時間 | 時間 |
|---|---|---|---|---|---|---|---|---|---|---|---|---|---|---|
| | 21.0 | | | 1.0 | | 20.0 | 166:30 | | 749<br>0:30 | | | | | |

| 支給 | | | | | | | | | |
|---|---|---|---|---|---|---|---|---|---|
| 基本給 | 調整手当 | 給与調整手 | 管理職手当 | 主任手当 | 扶養手当 | 住宅手当 | 実習 | | |
| 185,000 | 22,200 | 10,000 | | | | | | | |
| | | | | | | | 通勤手当 | 超過勤務手 | 減額金 |
| | | | | | | | 16,420 | 749 | |

| 控除 | | | | | | | | | |
|---|---|---|---|---|---|---|---|---|---|
| 健康保険料 | 厚生年金保 | 厚生年金基 | 雇用保険料 | 所得税 | 住民税 | 東社協 | 給食費 | | |
| 9,840 | 17,995 | | 1,406 | 4,270 | 12,400 | 4,140 | 6,500 | | |

| 総支給金額 | 控除合計額 | 差引支給額 | 銀行1振込額 | 銀行2振込額 | 現金支給額 | 翌月繰越額 | 前月繰越額 |
|---|---|---|---|---|---|---|---|
| 234,369 | 56,554 | 177,818 | 177,818 | | | | |

図4　給料明細（1年目と5年目）

う。

また、明細をよく見ると、保育士ならではともいえる「給食費」といった項目もあります。保育所では給食を提供する義務があり、その給食を保育士も食べているため、その代金が毎月の給料から天引きされます。保育所によっては給食費を負担してくれるところもありますが、自己負担のところのほうが多いようです。とはいっても、月四千円です。二十日から二十二日勤務として計算すると、「一食あたり二百円以下」ととてもリーズナブルなことがわかると思います（給食とは別に十五時には園児用のおやつも付きます）。働く保育士にとっては、経済的にも時間的にも給食は非常に助かっています。

この明細にはありませんが、保育所によっては、「特殊業務手当」（保育所の行事などに対する手当）や「技能手当」（特殊な指導ができる保育士への手当）といった手当が支給される場合がありますので、適宜確認してください。

## ▼▼▼求人票はよくチェックしておこう

就職先を探す際は、保育所の雰囲気や規模などたくさんの比較要素がありますが、求人票の待遇や給料面は特にしっかりと確認しておきましょう。これから何年も勤める保育所になるかもしれません。月々ではわずかな違いでも、年単位となると大きな差が出てくることもあります。実際に勤務してから不満があったとしても、待遇を改善するのは難しいのが現実です。焦る気持ちも出てくるかもしれませんが、自分なりの希望や妥協点をあらかじめ決めておき、じっくりと就職先を探し

求人票1

| 【保育士経験者優遇】認可保育園での勤務 | 新着　職紹 |
|---|---|
| 保育士 | |
| お仕事No. | 000123 |
| 給与 | ◆月給200,000円～（諸手当含む）<br>※ご経験を考慮します！ |
| 待遇・福利厚生 | ◆社会保険完備<br>◆退職金制度あり<br>◆夏季・冬季休暇あり<br>◆交通費支給（上限45,000円） |
| 資格 | 要保育士資格 |
| | 詳細を見る |

求人票2

| 【保育士経験者優遇】認可保育園での勤務 | 新着　職紹 |
|---|---|
| 保育士 | |
| お仕事No. | 000124 |
| 給与 | ◆月給160,000円～（諸手当含む）<br>※ご経験を考慮します！ |
| 待遇・福利厚生 | ◆賞与　年2回（実績4ヶ月）<br>◆昇給　年1回<br>◆社会保険完備 |
| 資格 | 要保育士資格 |
| | 詳細を見る |

図5　実際にあった求人票

表7　振替休日や長期休暇に違いがある求人例

| | A保育園 | B保育園 |
|---|---|---|
| 給料 | 月給250,000円　賞与2カ月 | 月給250,000円　賞与2カ月 |
| 土曜保育 | 月2回程度（出社した場合翌週に振替休日を取得する） | 月2回程度（振替休日なし） |
| 年末年始・夏季冬季休暇 | 12日間 | 4日間 |
| 有給休暇 | 10日間 | 10日間 |

表8　一勤務あたりの所得差

| | A保育園 | B保育園 |
|---|---|---|
| 給料 | 月給250,000円 | 月給250,000円 |
| 月あたりの平均労働日数 | 労働日数　平均19日（年間休日137日で計算） | 労働日数　平均22日（年間休日101日で計算） |
| 1勤務あたりの所得 | 13,157円 | 11,363円　A保育園に比べ、1日あたり1794円の差 |

てみてください。

図5は実際にあった民間の保育所の求人票です。

一見、図5の上の求人票のほうが目を引きますが、給与を計算してみると、二十万×十二カ月＝二百四十万円。それと比較して下の求人票の保育園は、十六万×十六カ月＝二百五十六万円。年間で十六万円、月にして約一万三千円も給料が高くなっています。

このように賞与の支給額によっても年収ベースで大きく差が出ますので、ぜひ賞与がいくら支給されるのかもチェックしてください。

また、年間の休日日数などについてもできるだけ把握しておきたいところです。仮に月二十五万円（賞与二カ月）、年収三百五十万円のAとBの求人を例に比較してみたいと思います（表7、8）。

A・Bの保育園は、年収ベースでは同じですが、土曜保育の出勤日数や年末年始・夏季冬季休暇の日数に違いがあります。

二つの求人を比較すると、まず土曜保育の振り替え休日の有無によって二十四日間（月二日×十二ヵ月）の休日の差が出ます。さらに、年末年始、夏季・冬季休暇に八日間の差があり、合計すると三十二日間もの差が出ることになります。つまり、Bの保育所ではまるまる一ヵ月分以上多く出勤しているのにもかかわらず、Aと同じ年収ということになり、給料と待遇面だけで考えるとおそらく多くの人がAを第一志望にするのではないでしょうか。

以上、単純に同じ年収の例を設定して比較してみましたが、実際の求人ではもう少し比較しづらくなっている場合が多いでしょう。どちらかの年収が少し低い場合でも、時給や日給に換算すると待遇がいいという場合もあります。多少手間はかかるかもしれませんが、求人を探す際は、給与を比較するだけではなく、福利厚生面も考慮して検討してみてください。

## ▼▼▼自分なりの基準で就職先を検討しよう

ここではあくまでも「給料」という視点から保育所を比較しましたが、職場の雰囲気や人間関係、教育方針などによって仕事のモチベーションや楽しさ、やりがいなどが大きく変わるので、一概に給料が高ければいい保育所ということではありません。ここで伝えたかったことは、求人内容では少しの違いにしか見えないことが、年間ベースで見ると大きな違いになるということです。これから就職先を探す予定の人は、ぜひ自分なりの給料のラインなどを決めて取り組んでください。

（中野悠人）

# 8 保育士資格取得までの費用

保育士資格を取得するには何通りかの方法があり、その選択肢によって費用やかかる時間も大きく異なってきます。ここでは取得方法別に、おおよその費用の目安や取得までの期間、そのメリット・デメリットをまとめました。参考にしてみてください。

厚生労働省が指定した大学・短大・専門学校では「保育士養成課程」が設置されていて、単位を取得して卒業が認められれば、保育士資格を取得することができます。年数はかかるものの、保育士試験が免除されるのが最大の特徴です。高校卒業後に「保育士」をめざす人の多くが、この方法で保育士資格を取得しています。

また、通学できない場合でも、短大や大学の通信制の「保育士養成課程」などで学べば、同じく保育士試験が免除されます。

一方、通信教育などで勉強し、保育士試験を受験して資格を取得する方法は、社会人や出産後の女性などに多く見られます。養成校を卒業するための時間を確保するのが難しい人にとっては、自分のペースに合わせて資格取得をめざせるため、おすすめです。

保育士試験は国家資格のなかでは比較的難易度は高くないものの、合格率は二〇〇八年から一二年にかけて一〇%から一八%台の間で推移しているため、それなりの時間をかけて勉強することが

表9　四年制大学

| 項目 | 詳細 |
| --- | --- |
| 学費目安 | 初年度1,000,000円前後<br>（入学金などを除く）卒業まで　総額3,000,000円～ |
| 期間 | 4年 |
| メリット | ・保育士資格試験の免除（卒業と同時に資格が取得できる）<br>・幼稚園教諭2種免許状や小学校教諭1種免許も同時に取得できる場合が多い<br>・保育の分野以外のことも学べる<br>・保育実習を在学中におこなえる<br>・公立保育園への就職率が高い<br>・他の資格取得方法に比べ、時間の余裕がある |
| デメリット | ・就職まで四年かかる・学費が高い |

表10　短期大学

| 項目 | 詳細 |
| --- | --- |
| 学費目安 | 初年度1,000,000円前後（入学金などを除く） |
| 期間 | 2年 |
| メリット | ・保育士資格試験の免除（卒業と同時に資格が取得できる）<br>・幼稚園教諭2種免許状を同時に取得できる場合が多い |
| デメリット | ・短期で免許を取得するだけあって、カリキュラムは過密<br>・学校によっては土曜日も授業がある場合もあり |

表11　専門学校

| 項目 | 詳細 |
| --- | --- |
| 学費目安 | 初年度800,000円～1,000,000円前後（入学金などを除く） |
| 期間 | 2～3年 |
| メリット | ・保育士資格試験の免除（卒業と同時に資格が取得できる）<br>・専門分野を中心としたカリキュラムなので短大に比べて若干時間に余裕がもてる場合もある<br>・専門学校によっては特色があり、保育士資格以外の資格を取得することもできる |
| デメリット | ・幼稚園教諭2種免許状は専門学校だけの卒業では取得できない<br>・専門学校によっては卒業と同時に資格を取得することができないところもある。その場合は保育士試験に合格する必要がある |

表12　通信教育

| 項目 | 詳細 |
| --- | --- |
| 学費目安 | 50,000円～300,000円程度 |
| 期間 | 数ヵ月～ |
| メリット | ・他の資格取得方法に比べ学費を抑えられる<br>・通学する必要がないため自分のペースで学習でき、仕事との両立がしやすい<br>・合格できれば、他の取得方法と比べ最短で保育士資格を取得することができる |
| デメリット | ・保育士試験に合格することが必要である |

必要です。

どのような方法で資格取得をめざすか、またどの学校や通信教育の講座を選ぶかは、資格取得を目指す方にとって大切なことになります。自分自身のライフスタイルをもう一度見つめ直し、どういった方法がいちばん自分に適しているかよく考えてみましょう。資料請求や学校見学は多少の手間がかかりますが、最低数ヵ所は自分の目で見て比べてみてください。

（中野悠人）

# 第2章
# 保育士試験の対策

# 1　保育士資格をとるには？

本章では、保育士試験を受験して保育士資格取得をめざす人に必要な情報をまとめました。特に初めて受験する人にとっては受験資格や試験科目など、わからないことがたくさんあるかと思います。ここではそのような初心者の方に向けて、保育士試験の全体像が把握できるようにまとめましたので、参考にしてください。

## ▼▼▼保育士資格を取得するには？

保育士試験を受験して保育士資格取得をめざす場合には、大きく分けて三項目のステップがあります。

①受験資格があること
②保育士試験に合格
③保育士登録申請

それぞれの詳細は以下のようになります。

①受験資格があること

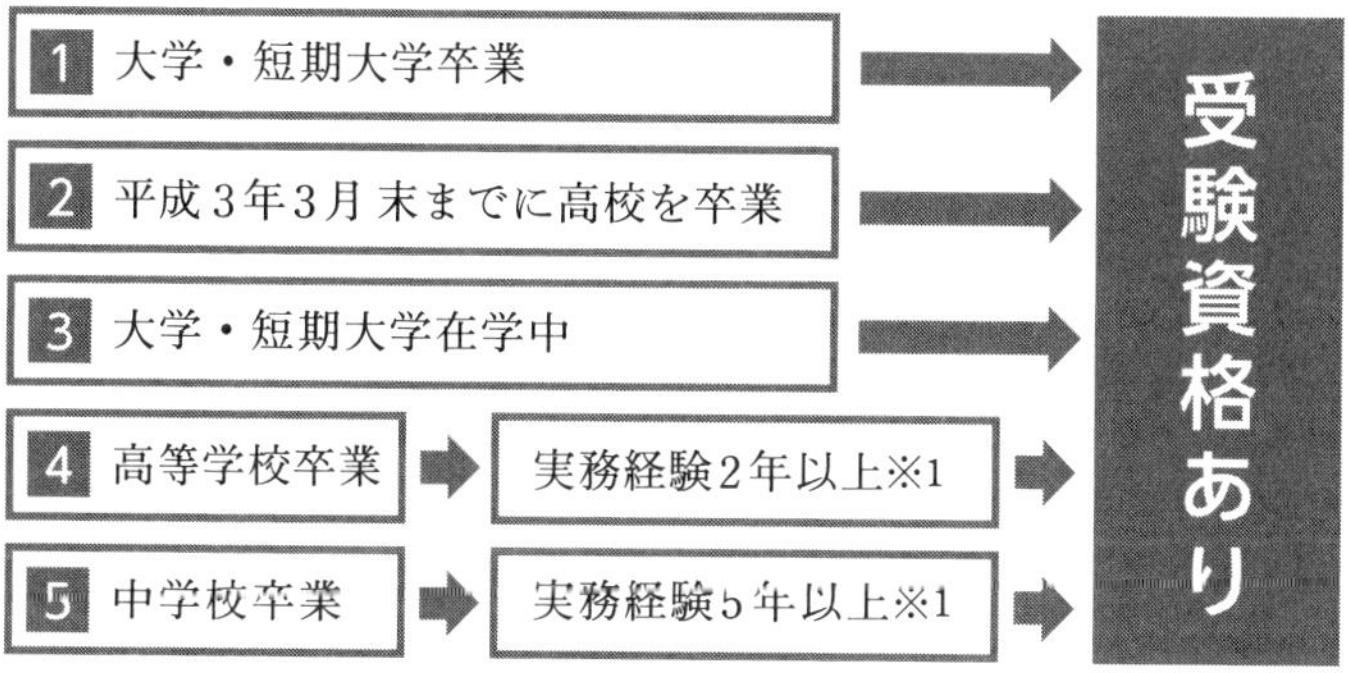


※1 児童福祉施設での実務経験

図6　受験資格早見表

表13　受験資格早見表の解説

| 番号 | 解説 |
|---|---|
| 1 | 短大、専門学校を卒業した方（見込みも可） |
| 2 | 平成3年3月31日までに高等学校を卒業しており、最終学歴が高卒の方 |
| 3 | 大学に2年以上在籍し62単位以上修得した方。または大学に1年以上在学し、年度中に62単位以上の取得が見込まれる方 |
| 4 | 高等学校を卒業した後、2年以上児童福祉施設などに勤務した方※1 |
| 5 | 中学校を卒業した後、5年以上児童福祉施設などに勤務した方（施設長の証明があれば受験できる） |

※経験は、1日6時間以上、1月あたり20日以上従事が最低ラインになります。また、ここに挙げた1～5の方以外にも受験資格がありますので、受験資格詳細は表14も参照してください

まず初めに、保育士試験は決められた受験資格を満たしていないと受験することができません。二〇一二年五月に危険物取扱者試験に小学三年生の女の子が最年少で合格したというニュースがありましたが、保育士試験は、小・中学生が受験することはできませんし、一定の実務経験などが必要になる場合もあります。特に最終学歴によって条件が異なるので、よく確認してください。

受験資格詳細

次のいずれかに該当する人

もし、自分に受験資格があるかどうかわからない場合は、保育士試験事務センターに直接問い合わせてください（保育士試験事務センター　フリーダイヤル：〇一二〇―四一九四―八二）。

②保育士試験に合格

保育士試験は、筆記試験と実技試験に分かれていて、どちらにも合格することが必要です。保育士試験については、第2節「保育士試験について」で別途まとめてありますので、そちらを参考にしてください。

③保育士登録申請

保育士試験に合格した時点で保育士資格は取得できていますが、二〇〇三年の児童福祉法の改正に伴い、保育士資格を保有しているだけでは、保育士として働くことができなくなりました。その

表14　学歴による受験資格の詳細
次のいずれかに該当する方

| | |
|---|---|
| 1 | 学校教育法による大学に2年以上在学して62単位以上修得した者または高等専門学校を卒業した者 |
| 2 | 学校教育法による大学に1年以上在学している者であって、年度中に62単位以上修得することが見込まれる者であると当該学校の長が認めた者 |
| 3 | 学校教育法による高等専門学校および短期大学の最終学年に在学している者であって、年度中に卒業することが見込まれる者であると当該学校の長が認めた者 |
| 4 | 学校教育法による高等学校（中等教育学校の後期課程を含む）の専攻科（修業年限2年以上のものに限る）または特別支援学校の専攻科（修業年限2年以上のものに限る）を卒業した者または当該専攻科の最終学年に在学している者であって、年度中に卒業することが見込まれる者であると当該学校の長が認めた者 |
| 5 | 専修学校（専門学校）と各種学校について<br>（ア）学校教育法第124条及び第125条による専修学校の専門課程（修業年限2年以上のものに限る）または各種学校（同法第90条に規定する者を入学資格とするものであって、修業年限2年以上のものに限る）を卒業した者<br>（イ）（ア）に規定する当該専修学校の専門課程または当該各種学校の最終学年に在学している者であって、年度中に卒業することが見込まれる者であると当該学校の長が認めた者<br>（ウ）平成3年3月31日以前に学校教育法第124条及び第125条による専修学校の高等課程（修業年限3年以上のものに限る）を卒業した者 |
| 6 | 外国において、学校教育における14年以上の課程を修了した者 |
| 7 | 学校教育法による高等学校を卒業した者もしくは中等教育学校を卒業した者もしくは通常の課程による12年の学校教育を修了した者（通常の課程以外の課程によりこれに相当する学校教育を修了した者を含む）または文部科学大臣において、これと同等以上の資格を有すると認定した者であって、児童福祉施設において、2年以上の勤務で、総勤務時間数が2,880時間以上、児童の保護に従事した者 |
| 8 | 児童福祉施設において、5年以上の勤務で、総勤務時間数が7,200時間以上、児童の保護に従事した者 |

ためには、保育士登録をして、保育士証の交付を受ける必要があります。保育士登録申請の手続きは簡単です。保育士試験に合格したら、保育士証の交付を必ず受けましょう。

・保育士試験合格後

＊「保育士登録の手引き」を取り寄せる。
＊登録手数料：四千二百円を支払う。
＊登録に必要な書類をそろえる。
＊必要書類を提出する。
＊保育士証の交付。

・保育士登録申請の際に必要な書類

①保育士登録申請書
「保育士登録の手引き」に同封されています。
②郵便振替払込受付証明書
保育士登録申請書の裏面に全面のりづけしてください。

③保育士になる資格を証明する書類の原本

次のAからEのうち、いずれか一つの書類

A　保育士（保母）資格証明書

一九九三年十一月二十八日までの資格取得者に交付されていた書類です。

B　指定保育士養成施設卒業証明書

二〇〇三年十一月二十九日以降の資格取得者に交付される書類です。

卒業証書、通常の卒業証明書とは別の書類ですので、注意してください。

C　保育士養成課程修了証明書

二〇〇三年十一月二十九日以降の資格取得者に交付される書類です。

（指定保育士養成施設を卒業後、科目などの履修によって保育士養成課程を修了した場合）

D　保育士試験合格通知書

「平成××年（都道府県名）保育士試験結果」（科目ごとの得点および合否が記載されているもの）は不要のため、切り離してください（切り離さずにそのまま添付されても、返却できません）。

E　平成十七年度までに交付された以下の書類のうち、連続した三年間で全科目合格していることが確認できるもの（複数枚数での提出となります）。

保育士試験一部科目合格証明書（二〇〇三年度まで交付）

保育士試験一部科目合格通知書（二〇〇四年度から交付）

④戸籍抄本または戸籍の個人事項証明書

（「保育士登録事務処理センター」〔http://www.hoikushi.jp/〕を参考）

（中野悠人）



## 2 保育士試験について

### ▼▼▼保育士試験の概要

保育士試験は都道府県ごとに毎年一回おこなわれます。試験日は全国同日のため、重複して受験することはできません。また試験内容も全国統一の問題が出題されます。

試験には一次試験と二次試験があります。一次は筆記試験となり、二日間の日程で毎年八月に実施されています。筆記試験がおこなわれる科目にすべて合格した場合に限り、二次の実技試験を受験することができます。実技試験は一日間の日程で毎年十月に実施されます。

①受験申し込み期間
三月末ごろから五月上旬ごろ

②受験申請に必要なもの（初めて受験する場合）

・受験申請書（写真貼付）
・受験手数料一万二千九百円（内訳：受験料一万二千七百円＋「保育士試験受験の手引き」郵送料二百円）
・受験資格を証明する書類（卒業証明書など）
そのほか、幼稚園教諭免許を取得している人や受験から二年前までに一科目以上の合格がある人は科目免除願などが必要になります。詳しくは、全国保育士養成協議会（http://hoyokyo.or.jp/）が発行する「保育士試験受験の手引き」を確認してください。

③科目免除について
幼稚園教諭免許（一種・二種）所有者は、科目免除願と「幼稚園教諭免許状」または「教育職員免許状授与証明書」の写しを提出することで、筆記試験科目の「保育の心理学」「教育原理」、二次の実技試験が免除されます。

④試験日の目安
・筆記試験
八月上旬（土曜日・日曜日の二日間で実施）
・実技試験
十月ごろ（日曜日の一日間で実施）

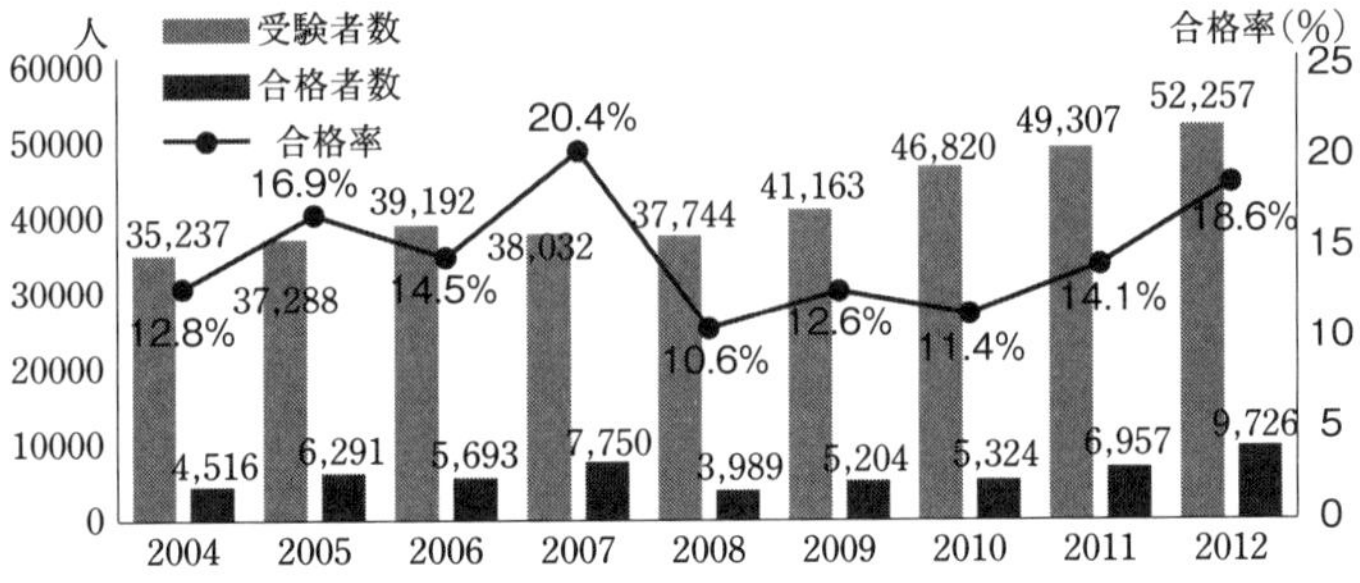


図7　保育士試験の合格率全国平均
(出典:「ＬＥＣ東京リーガルマインド――保育士」〔http://www.lec-jp.com/hoikushi/try/〕)

表15　保育士試験の変更内容比較

| 2012年まで | 2013年以降 |
|---|---|
| 社会福祉 | 社会福祉 |
| 児童福祉 | 児童家庭福祉 |
| 発達心理学 | 保育の心理学 |
| 精神保健・小児保健 | 子どもの保健 |
| 小児栄養 | 子どもの食と栄養 |
| 保育原理 | 保育原理 |
| 教育原理・養護原理 | 教育原理・社会的養護 |
| 保育実習理論 | 保育実習理論 |

⑤保育士試験の合格率

二〇一二年度の受験者数は五万二千二百五十七人、そのうち九千七百二十六人が合格しています。合格率は一八・六パーセントです。

⑥筆記試験の出題科目

・マークシートによる択一式（五択）。
・二〇一三年の保育士試験から、筆記試験科目分野が変更になりました。

二〇一三年の筆記試験からは九科目に合格した者が実技試験に進めます。合格科目は三年間有効なので、不合格だった科目以外は次回免除されます。合格基準は各科目で、満点の六割以上の得点が必要です。

⑦実技試験の出題科目
・音楽表現に関する技術
・造形表現に関する技術
・言語表現に関する技術
※受験生はこのなかから二分野を選んで受験します。

（中野悠人）

## 3　保育士試験――筆記試験

二〇一三年の保育士試験から、筆記試験科目の一部科目と実技試験の分野が変更されました。一二年まで筆記試験は合計十科目ありましたが、変更後は、「精神保健」「小児保健」の二科目が統合され「子どもの保健」になり、合計九科目となりました。すべての科目の合格が必要とされる保育士試験では、いい変更内容といえるでしょう。また、その他の一部科目名と出題範囲の内容も変更されているので、よく確認しておきましょう。

表16　筆記試験で出題される科目
※全科目マークシート方式

| 科目 | 試験時間 |
|---|---|
| 保育原理 | 60分 |
| 教育原理<br>社会的養護 | 30分<br>30分 |
| 児童家庭福祉 | 60分 |
| 社会福祉 | 60分 |
| 保育の心理学 | 60分 |
| 子どもの保健 | 60分 |
| 子どもの食と栄養 | 60分 |
| 保育実習理論 | 60分 |

## ▼▼▼筆記試験合格には六割以上の得点が必要

保育士試験の筆記試験は、科目ごとに六割以上の得点で合格となります。平均点が高いからといって、上位何人が合格といったことはありません。全員六十点以上とれば、全員が合格になります。就職試験や大学受験のように周りの受験者すべてがライバルになるわけではなく、みんなが同じ目標に向かっている仲間に近い存在です。受験者数や競争率を気にする必要はありません。

また、そもそも合格基準が六割ということは、百点満点中四十点分間違えても合格ということになります。運転免許の学科試験では九割の正解が必要になりますが、保育士試験では六割。ずいぶんと寛大な試験といえるでしょう。筆記試験はすべて五択のマークシート方式で問題が出題されるので、仮に何も学習しないで受験したとしても、理論上は二十点はとれることになります。そのため、すべての範囲を学習するにこしたことはありませんが、効率よく合格するという視点から見れば、一つの科目の出題範囲を百パーセント学習する必要はないのです。出題の傾向を見て対策を立て、自分の苦手な分野を集中的に学習することで、全教科の合格もそれほど難しいものではなくなるはずです。

## ▼▼▼筆記試験には常識問題がたくさん

すでに一度受験した人は知っているとは思いますが、筆記試験にはたくさんの常識問題が出てきます。科目名だけを見ると「教育原理」や「保育原理」などあまり親しみがない科目名も多いので、初心者は、「難しそう」と感じてしまうかもしれません。

しかし、安心してください。試験問題のなかには、常識的な簡単な問題もよく出題されますし、明らかにおかしいという選択肢などに気づけば、五択だった問題が三択や一択にも見えてきます。これは択一式ならではの利点といえるでしょう。

ここでは実際に保育士試験で出題された問題を見てみましょう。

次の文は、事故の応急処置に関する記述である。適切な記述を○、不適切な記述を×とした場合の正しい組み合わせを一つ選びなさい。

A　鼻に豆が入ってしまった。ピンセットでつまんで引っ張り出した。
B　捻挫をした。痛がる部位をよくもんだ。
C　犬に咬まれた。傷口を流水で洗い、医師の診察を受けた。

D　蜂に刺された。毛抜きで蜂の針を抜き冷やしたが、腫れがひどいので医師の診察を受けた。

E　誤って熱湯を手にかけてしまった。すぐに軟膏を塗って包帯で縛った。

（組み合わせ）

| | A | B | C | D | E |
|---|---|---|---|---|---|
| 1 | ○ | ○ | × | ○ | × |
| 2 | ○ | × | × | × | ○ |
| 3 | × | ○ | ○ | ○ | ○ |
| 4 | × | ○ | × | ○ | × |
| 5 | × | × | ○ | ○ | × |

正答「5」

はじめにAの項目に「鼻に豆が入ってしまった。ピンセットでつまんで引っ張り出した」とありますが、はたしてこれを適切な処置と感じるでしょうか。少し考えてみると、明らかにリスクがあることがわかります。保育士試験では、このようなリスクがある行為や矛盾などは必ず不適切な項目になります。したがって、ここでは、Aの応急処置に○がついている1と2の選択肢は除外され、この時点で三択問題に早変わりとなりました。

次に、Bの「捻挫をした。痛がる部位をよくもんだ」に関しておかしいということに気づき、自信があれば、A、Bを見た段階で、正解にたどり着けるわけです（時間が限られているので、自信がある問題では時間を節約することが大切です）。

Bで判断がつかない場合は、C以降の項目を見て判断します。

C「犬に咬まれた。傷口を流水で洗い、医師の診察を受けた」
↓特に問題なさそうに感じる。

D「蜂に刺された。毛抜きで蜂の針を抜き冷やしたが、腫れがひどいので医師の診察を受けた」
↓特に問題なさそうに感じる。※3と5がともに〇なので、判断基準にはできないが、2が正解ではないということが確認できる。

E「誤って熱湯を手にかけてしまった。すぐに軟膏を塗って包帯で縛った」
↓「やけど」の場合、まず冷やすことが大切というのが常識ではないだろうか？

前記の内容から正解を導くとEが×のため、4と5という選択肢に絞られ、Cが〇ということから、5が正解だと判断できると思います。

このようにたとえ学習していなくてもわかる問題が出題されます。もちろん難易度が高い問題も出題されますが、まずは難しそうというイメージをなくして、しっかりと学習していけば取得できる資格だと認識してください。

### ▼▼▼一度合格した科目は翌々年まで免除される

全九科目に合格することで実技試験に進めますが、一度の試験で全科目に合格するのはなかなか難しいものです。ただし、安心してください。保育士筆記試験には、一部科目免除という、受験者にはうれしいシステムがあります。これは一度合格した科目は翌々年まで免除（図8参照）されるというものです。

例えば一年目で二科目合格、二年目で三科目合格したとすると、三年目で残りの三科目を合格すれば、実技試験に進むことができます。これが一部科目免除の仕組みです。そのため、当初から「二年間で保育士資格取得」などの計画を立てて受験することも可能になるわけです。

（中野悠人）

## 4 保育士試験――実技試験

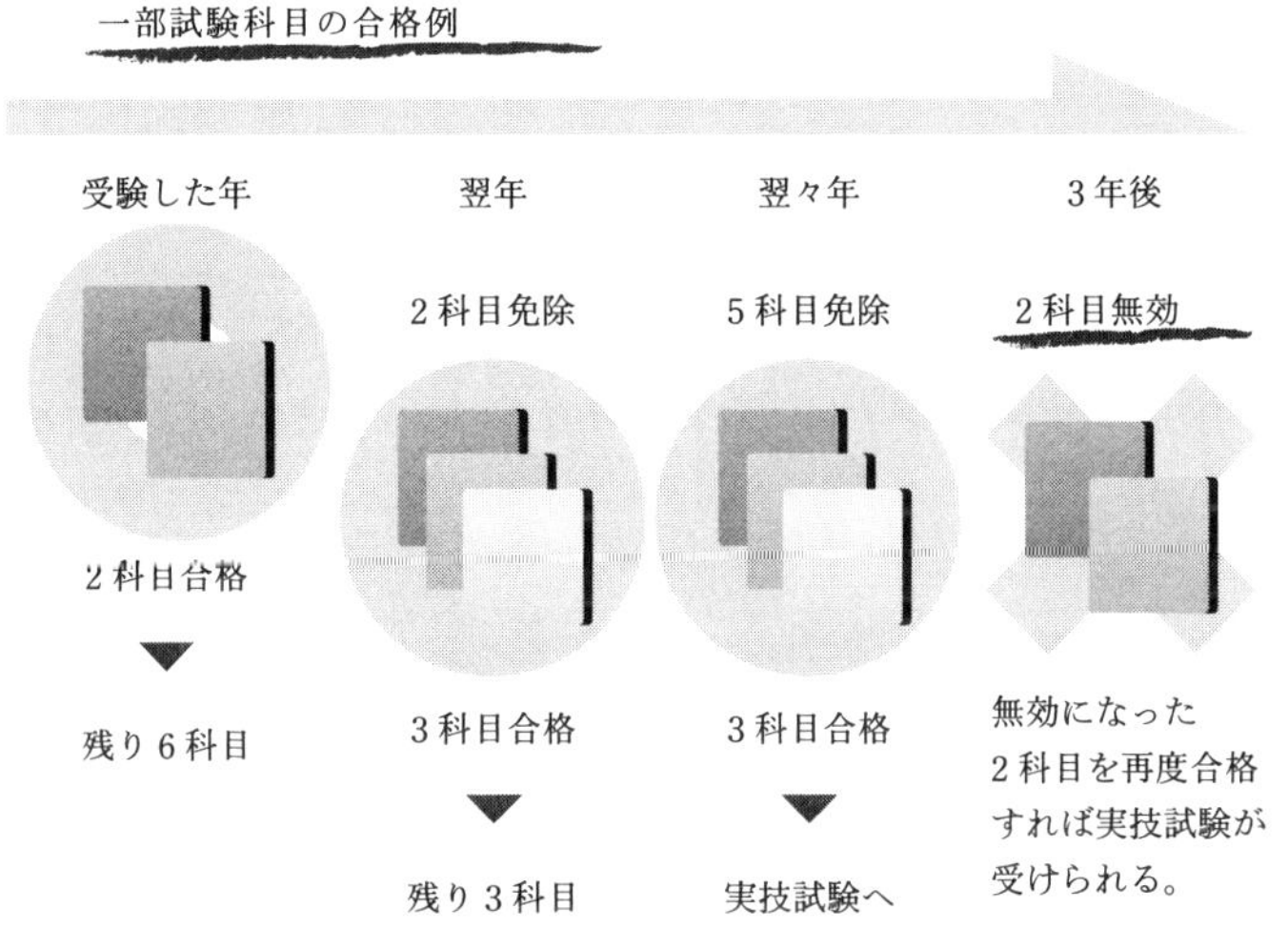


※教育原理・社会的養護は1科目にして計算

図8　一部科目を合格したときの繰り越し例

筆記試験全科目に合格すると実技試験に進むことができます。

実技試験は二〇一三年から科目名が変更になり、「音楽表現に関する技術」「造形表現に関する技術」「言語表現に関する技術」の三科目になりました。

試験ではこの三科目から二科目を選択します。

実技試験は筆記試験と同じ六割が合格基準となっています。各科目五十点満点なので、三十点以上が必要になります。

また、実技試験に関しては筆記試験と異なり、選択した二科目の片方だけに合格しても、次回に持ち越すことはできません。二科目同時に合格ラインに達することが実技試験合格の条件になります。

実技試験の内容は事前に課題が決まっていて、毎年四月ごろから請求できる「保育

表17　保育士試験の実技試験分野

| 科目名 | 得点 | 試験内容 |
| --- | --- | --- |
| 「音楽表現に関する技術」 | 50点満点 | 指定された課題曲（童謡）2曲をピアノ（または、ギター、アコーディオン）で伴奏しながら歌う「弾き歌い」 |
| 「造形表現に関する技術」 | 50点満点 | 指定されたテーマに合わせて絵を描く、または紙工作をおこなう |
| 「言語表現に関する技術」 | 50点満点 | 童話や絵本の口演。想定するクラスや人数などが設定される |

士試験受験の手引き」に掲載されています。実技試験は毎年十月におこなわれるので、課題が公表されてから半年ほどの時間があります。筆記試験と並行して対策を講じていくこともできますし、筆記試験が終了してから実技試験日までの日程を準備にあてることも可能です。

図9から図12に、二〇一三年度におこなわれた保育士試験実技試験の内容を掲載しました。事前に実技試験の課題を確認しておき、自分にはどれくらいの準備期間が必要になるか、おおよその計画を立てておきましょう。

（中野悠人）

課題曲
ア．『めだかの学校』（作詞 茶木 滋・作曲 中田 喜直）
イ．『そうだったら いいのにな』（作詞 井出 隆夫・作曲 福田 和禾子）
・幼児に歌って聴かせることを想定して、課題曲の両方を弾き歌いすること。（楽譜の持込可）
・ピアノ、ギター、アコーディオンのいずれかで演奏すること。
・ピアノの伴奏には市販の楽譜を用いるか、添付楽譜のコードネームを参照して編曲したものを用いる。
・ギター、アコーディオンで伴奏する場合には、添付楽譜のコードネームを尊重して演奏すること。
・いずれの楽器とも、前奏・後奏を付けてもよい。歌詞は1番のみとする。移調して歌うのも可。
注意1：ピアノ以外の楽器は持参すること。
注意2：ギターはアンプの使用を認めないのでアコースティックギターを用いること。カポタストの使用は可。
注意3：アコーディオンは独奏用を用いること。

図９　「音楽表現に関する技術」

## 音楽試験課題曲

※試験会場に楽譜は用意しますが、自分の楽譜を持ち込むことも可とします。

### めだかの学校

茶木 滋 作詞
中田喜直 作曲

### そうだったら いいのにな

井出隆夫 作詞
福田和禾子 作曲

図10 「2013年度保育士試験受験の手引き」に掲載された楽譜

保育所（園）での子どもたちと保育士との活動の一場面を絵画で表現する。
・表現に関する問題文と条件を試験の当日に提示します。
・当日示される問題文から想像される一場面を、条件を満たして表現しなさい。
注意1：当日は、
　鉛筆またはシャープペンシル（HB～2B）
　色鉛筆（12～24色）
　消しゴム
を各自で用意してください。
（色鉛筆は油性色鉛筆または水性色鉛筆としますが、水分を塗布することは禁止します。また、クレヨン・パス・マーカーペン等の使用は不可とします。）
※携帯用鉛筆削りを会場内に持ち込むことは可としますが、試験時間中に使用する場合は、試験監督員の了解を得てから使用してください。
※受験者の間での用具の貸し借りは認めませんので、忘れないように注意してください。
注意2：試験時間は45分です。
注意3：解答用紙の大きさはA４判とします。絵を描く欄の大きさは縦横19cmで、紙の種類は試験の当日に提示します。

図11　「造形表現に関する技術」

各自3歳児に適した童話等を3分以内にまとめて話す。
・自分の前にいる20人程度の3歳児クラスの幼児に集中して話を聞かせる時間という想定のもとに話す。
・話は、童話・昔話等自由とする。
注意1：題名は開始合図のあと、必ず一番初めに伝えてください。
注意2：絵本・道具（台本・人形）等の一切の使用は禁止です。
絵本を読んだり、道具を使ったりした場合は、不正行為になりますので注意してください。
不正行為とみなされた場合、実技試験は無効となるほか、当該年試験から3年以内の期間で受験ができなくなる場合があります。（児童福祉法施行規則第6条の14第2項）
注意3：3分間は退出できません。時間は係員が計ります。

図12　「言語表現に関する技術」

# 第3章 保育士の就職対策

# 1 就職先の探し方

保育士資格の取得後は、多くの人が保育士として働ける職場を探す就職・転職活動をしますが、保育士の職場探しには少し特徴があります。例えば、在学中の場合、一般的にはエントリーシートを書き、企業説明会に足を運んだりしますが、保育士として就職先を見つける場合はそのようなケースはほとんどありません。就職活動の多くは、在学する学校に出された求人票などから面接につながり、本人と保育所との直接的なやりとりによって決まるパターンが一般的です。また、実習先で世話になった保育所から声がかかり、簡単な面接をして内定をもらえることも多くあります。ここではそのような就職先の探し方に関わる情報をまとめましたのでぜひ参考にしてください。

## ▼▼▼就職先を探す前に――就職活動のゴールを決めよう

就職活動を始める前に目標を決めておきましょう。ただ漠然と就職活動をするのではなかなかうまくいきません。

少なくとも、どのような形態で働くのか、どれだけの賃金が必要か、などの自分にとって妥協できない点と、ある程度なら妥協できる点を決めておきましょう。

ポイントは人それぞれ異なりますが、例えば公立の保育所（公務員）をめざすのか、勤務時間がきっちりしているところを探すのかなどです。

目標の例
・年収ベースで三百万円以上の保育所を探す。
・公立保育所から民営化された保育所に限る。
・週三日程度働けて、勤務に融通がきく保育所にする。
・企業が運営している保育所に限る。
・保育園の保育方針が自分の考えと合っているところを探す。

この目標設定がうまくいっていないと、保育所と自分とのミスマッチが起こりやすく、環境が合わなかったといった可能性も高くなっていきます。ある程度の目標を決めてから就職活動を始めてみてください。

次に主な就職先の探し方をまとめました。自分が設定した目標に近づくために、どういった方法で探すかを検討してみてください。

## ▼▼▼就職先の探し方

①インターネットで探す
インターネットでは保育士専門の求人サイトがいくつかあります。勤務形態や地域など詳細な設

定をして検索ができるので、自分の地域の求人数や賃金の相場を調べるだけでも参考になります。

企業がおこなっている保育施設から個人経営の保育所まで幅広い求人が掲載されています。また、専任コンサルタントなどがついてくれる求人サイトもあるので、職場探しの心強いサポーターとなってくれるでしょう。

【保育士専門の求人サイト】

「ほいく畑」（http://hoikubatake.jp/）

「kirara support hoiku」（http://www.kirara-support-hoiku.net/）

②ハローワークで探す

ハローワークは、足を運ぶ時間がかかりますが、通勤に便利な職場を見つけられるほか、ハローワークの職員が求人を出している施設への問い合わせや連絡などもおこなってくれるのでおすすめです。

地域の私立保育園などを希望する場合も、ハローワークや地元の求人雑誌のほうが見つけやすいです。施設の側としても、ハローワークへの求人掲載は無料でおこなえるため、多額の費用をかけて求人サイトに掲載するよりは、地域のハローワークを利用したほうがコストを抑えられます。

条件がいい求人はすぐに募集が締め切られてしまうので、ハローワークの求人にはまめに目を通しておきたいところです。

特にインターネットに対応していない施設や小規模な保育所の求人などを探すのでしたら、ハローワークでの調べは欠かせません。どのような求人があるのか一度は確認しておきましょう。

③求人雑誌や広告から探す

求人雑誌や広告のいい点は、その雑誌やチラシだけに求人を出している場合、それを見た人しか求人の情報を知らないことです。インターネットやハローワークに比べて、求人情報に目を通す人数は少ないのでこまめにチェックしてみましょう。

④区役所などの募集から探す

公務員としての保育士をめざす人にとっては欠かせない方法になります。地方自治体などによって募集方法や試験の日程などが異なります。また年度によっては募集していない場合もあるので、まずは希望する市町村を決めて役所に連絡してみましょう。募集予定や、必要な提出資料なども教えてくれます。試験日が重複しなければ複数の市町村に応募しても問題ありません。

⑤学校にくる求人から探す

養成学校や大学などを卒業して保育士資格を取得した場合、在学する学校にくる求人を利用することができます。多くの学校には「就職相談室」といった窓口が設置されていて、求人を紹介したり、就職活動についてアドバイスしたりします。在学中の生徒の多くがこの施設を利用します。また、学校によっては卒業後でも求人を紹介してくれるところもあるので、既卒者は卒業した学校に問い合わせてみるのもいいでしょう。

保育所によっては例年いくつかの学校だけに求人を出すところもあるので、あまり出回らない求人が見つかるかもしれません。

主な就職先の探し方を紹介しましたが、どれか一つの方法だけに限定しないで、少なくとも二通りの方法でおこなってみてください。幅広く探すことで、より自分に合った施設を見つける可能性が高くなりますし、比較などもしやすくなります。

就職活動は大変とのイメージをもつ人が多いかと思いますが、保育士自体は人材不足の傾向が続いていて、求人も多くあります。せっかく就職するのなら、ある程度の目標を決めて、納得がいく就職活動をおこなってみてください。


（中野悠人）

## 2　保育士の求人例

ここからは実際にどのような求人があるのか見ていきましょう。保育士資格取得後、仕事として資格を生かしていく場合、就職先によっては待遇やライフスタイルなどが大きく変わっていきます。まだ資格をもっていない人でも、どのような形で働きたいか、どのくらいの待遇をめざしていくか、などと少しでもイメージをしてもらえたらと思います。

## ▼▼▼公立保育所の求人

公立保育所（東京都二十三区の場合）
【仕事内容】
配属先により異なる。
▼勤務予定先
本庁の福祉関係の職場／高齢者福祉施設／障害者福祉施設／児童館／学童クラブ保育園
【雇用形態】
地方公務員Ⅱ類
【給与】
月給十七万八千五百円
※職務経験などがあれば、初任給に一定の基準によって加算されます。

【応募資格】
保育士資格または資格取得見込み。

【勤務時間帯】
八時三十分―十七時十五分
※配属職場によっては、早番・遅番がある場合があります。

【休日・休暇】
本庁など：土曜日、日曜日、国民の祝日および年末年始
福祉会館：月曜日およびこれと合わせて四週間を通じ八日、国民の祝日および年末年始
児童館：月曜日およびこれと合わせて四週間を通じ八日、国民の祝日および年末年始
学童：月曜日およびこれと合わせて四週間を通じ八日、国民の祝日および年末年始
保育園：土曜日（四週に三回程度）、日曜日、国民の祝日および年末年始

【待遇・福利厚生】
保険：共済組合の年金・健康保険
手当：住居手当、扶養手当など
昇給：年一回

賞与：期末手当（年三・〇〇月分）　勤勉手当（年一・五月分）
休暇：有給休暇、妊娠・出産休暇、育児休暇、介護休業、慶弔休暇など

【選考プロセス】
応募→第一次選考（択一試験・小論文）→第二次選考（口述試験・体力測定）→最終合格発表

近年では公務員人気と採用人数の縮小によって倍率は常に四倍程度あり、募集人数によっては十倍を超える場合も珍しくありません。新卒の初年度では私立保育所と大きな違いはないものの、定期昇給が見込めるため、長期的に見ると民間との賃金に大きな差が開いていきます。詳しくは第4節の「公務員試験とは」で解説します。

## ▼▼▼私立保育所の求人

私立保育園（東京都内の社会福祉法人の場合）
【仕事内容】
・乳幼児の保育業務と環境整備。
・子どもに基本的な生活習慣を身につけさせる（食べる・眠る・着替え・排泄するなど）。
・子どもの身の回りの世話。

・集団生活を通して社会性を養わせる。
・遊びを通して心身の健やかな発達をサポートする。
・保護者に対しての報告、子育てに対するアドバイスやサポートをおこなう。
・地域と連携しての保育業務やイベントをおこなう。

【雇用形態】
正社員

【給与】
月給十八万八千六百円から（諸手当込み）
※経験によって加算制度あり。
例　二年目：月給十九万八千六百円、三年目：月給二十万八千六百円

【応募資格】
保育士資格または資格取得見込み。

【勤務時間帯】
七時三十分―二十時三十分

シフト制（休憩四十五分、実働八時間）
※シフト例　七時三十分―十六時十五分／八時三十分―十七時十五分／十一時四十五分―二十時三十分

【休日・休暇】
日曜・祝祭日など
年間休日　百五日（有給休暇含む）
※週二十時間・一カ月の変形労働時間制による。

【待遇・福利厚生】
保険：厚生年金、健康保険、雇用保険、労災保険
手当：残業手当、家族手当、通勤手当、住居手当、役職手当
昇給：年一回（業績評価による）
賞与：園平均三―三・五カ月（二十二年度実績）
休暇：年末年始、産前・産後休暇、育児休暇、介護休業制度あり
その他：退職金制度、研修制度、職員旅行、職員レクリエーション大会

【選考プロセス】

応募→書類選考→面接（一、二回）→実習（平日から一日）→内定

保育士資格取得後、就職先として選ばれるもっともポピュラーな選択肢です。二〇一三年現在では、保育所の不足の問題や公立保育所の民営化などが重なり、私立保育所の求人は多く、引く手あまたの状態です。特に都心部では多いので、条件などより自分に合った保育所を比較・検討してください。

また、求人票のチェック・ポイントとして、「土曜出勤の振り替え休日について」があります。多くの保育所が土曜保育に対応しているので土曜出勤がありますが、その出勤を翌週などに振り替え休日として休めるか休めないかで年間の勤務数に大きな違いが出ます。求人票でわからない場合は面接時などにしっかりと確認しましょう。

## ▼▼▼パート・アルバイトの求人

パート・アルバイト（東京都内の社会福祉法人の場合）

【仕事内容】

- 子どもに基本的な生活習慣を身につけさせる（食べる・眠る・着替え・排泄するなど）。
- 子どもの身の回りの世話。
- 集団生活を通して社会性を養わせる。

・地域と連携しての保育業務やイベントをおこなう。

【雇用形態】
パート・アルバイト

【給与】
学生　時給九百円
既卒者（無資格）　時給千円
既卒者（有資格）　時給千百円

【応募資格】
保育士資格取得者優遇

【勤務時間帯】
十六時三十分—十九時三十分で、月曜日から金曜日の週五日勤務

【休日・休暇】
土曜日・日曜日・祝祭日

年末年始（十二月二十九日―一月三日）ほか

【待遇・福利厚生】
保険：労働災害保険、雇用保険（一定の条件を満たした場合）
休暇：土曜日、日曜日、祝祭日、年末年始ほか

【選考プロセス】
応募→書類選考→面接（一、二回）・作文→内定

一般的なパート・アルバイトと同じく、時間などに融通がきく勤務体系です。保育所が忙しい時間帯の求人もあるので、フルタイムでは難しい場合でも保育士として働くことができます。主婦や、保育士資格取得前の人に選ばれやすい傾向があります。

しかし、保育の補助として勤務する場合が一般的なので、担任などになって子どもたちとより深く関わっていきたいという人にはあまりおすすめできません。

パート・アルバイトの場合、資格がなくても働ける保育所がたくさんあります。保育士に興味がある人は、勉強を始める前に一度こういう形で働いてみるといいかもしれません。保育士をめざす人にとってはいい経験になりますし、保育士をめざすかどうか迷っている人も判断材料の一つになるのでとてもおすすめです。

## 3　求められる保育士像とは

（中野悠人）

　ここ数年、待機児童を解消するために、どの自治体にも認証保育所（A型・B型）、認可保育所・認可外保育所などたくさんの保育所ができています。それでも待機児童は減らず、保育所はまだまだ足りません。

　そうすると、保育士の需要は増すばかりということにはなるのですが、だから簡単に就職できるかといえば、やはりそうではありません。採用する保育園側からすれば、この人は年間数百万円の給料を出すに値するか、と慎重になるのは当然です。

　では、どのような人材が保育園側から求められているのでしょうか。

　もしかして、ピアノがうまい人、絵がじょうずな人、成績が抜群にいい人……と思っているかもしれません。もちろん、これらのことができるにこしたことはないでしょう。ですが、まず第一に挙げられる条件ではありません。やはり、人柄が大事だと思います。一口に人柄といっても多岐にわたりますので、具体的に話しましょう。

　まず、ありきたりではありますが、きちんと相手を見て挨拶ができる人です。面接を受けに来てまともに挨拶できない人が、子どもを預けに来た保護者に挨拶ができるとは思えません。

面接時に、笑顔で「おはようございます」「こんにちは」「よろしくお願いします」「ありがとうございました」と気持ちよく挨拶できる人は気持ちがいいものです。この人なら担任を任せても大丈夫かも、と思ってもらえることでしょう。

また、挨拶と同じくらいに重要なのが言葉遣いや口調です。相手に合った言葉遣いができるのかということはとても大切です。完璧でなくてもいいのです。〝心がける〟ことがスタートなのです。保育園にとってのゲストは、子どもたちであり、その保護者なので、ゲストに対して適切な言葉遣いを心がけてほしいと思います。

さて、晴れてクラス担任になったら、あなたは何を大事にしたいと思うでしょうか。私が保育士として働いていたときに大事にしていたのは子どもの気持ちです。「この子は、何を求めているのか」「本当はどうしたいのか」ということを常に考えていました。「楽しんでいるかな?」「笑えているかな?」「寂しくないかな?」とたえず子どもの表情を見ていました。

朝、いつも元気よく登園してくる子どもの元気がないと、「どうしたのかな?」と思います。ケンカをして負けてしまった子どもを見つけると、「頑張って立ち直れるかな?」と心配します。跳び箱の練習で、なかなか跳べない子には「諦めないで一緒に頑張ろう!」と練習に付き合いましたし、その結果じょうずにジャンプして何段もの跳び箱を跳べるようになったときには、「やった!」と一緒になって心の底からうれしく感動します。

どういうことなのかというと、やはり〝子どもの心に寄り添うことができる〟ということではないかと思います。先ほども挙げたように、確かにピアノがじょうずな先生もすてき、絵がじょうずな先生もすてきです。できないよりはできたほうがいいでしょう。でも、なにより〝子どもの心に寄り添う〟ことができないと、子どもとの信頼関係が築けません。そして当然ながら保護者との信頼関係も築くのは難しいでしょう。要するに〝頼りにくい保育園の先生〟では困るということです。最初はもちろん、いろいろなことがあって何をどうしたらいいのかわからないと思います。でも、保育士の仕事に少し慣れてきたら、自分は子どもの心に寄り添えているかどうか振り返ってみるといいと思います。

それから、例えば基本的なマナーが身についていることも大事です。箸の持ち方、食事の仕方、鉛筆の持ち方などです。整理整頓ができたり、脱いだ洋服のたたみ方も教えられるといいでしょう。

保育士は、ともすれば家族よりも長い時間を子どもと一緒に過ごす可能性が高い相手です。子どもたちは、保育士に育てられるといっても過言ではありません。子どもたちは、保育士がすることをいつも見ています。話をするときも口調が似てくるかもしれません。言葉遣いも一緒になってくるかもしれません。まねをされても恥ずかしくない、子どもの手本となる保育士が望まれていることを覚えておいてください。

最後にもう一つ。

同僚の保育士として、〝気働きができる〟というのは重要なことになります。一緒に仕事をしている仲間が困っているとき、作業に追われているとき、落ち込んでいるとき、察してあげられますか？　運動会や発表会の練習、卒園式・入園式の準備など、行事のときには率先して動くことができる〝気働き〟。これができれば、もうベテラン保育士です。

# 4　公務員試験とは

（山下智子）

## ▼▼▼公務員試験とは

公務員試験とは、公務員として採用されるために国や地方公共団体によって実施される就職試験です。保育士の場合は公立保育所に勤める際に必要な試験となり、地方公共団体が実施しています。年に一度定期的な試験があるほか、欠員が出たときに不定期に臨時採用をおこなう場合があります。ただし、毎年必ず募集があるわけではなく、退職者などが出なかったために募集する必要がない場合には、採用枠がない年度もあります。

また、自治体によっては保育士という枠ではなく、福祉職といった大きな枠で募集される場合もあります。その場合は配属先によっては保育所ではなく、児童館や福祉事務所、本庁の福祉関係の職場などに勤務する場合もありますので注意が必要です。

近年では公務員人気が非常に高くなっていることに加え、保育所民営化の流れなどもあって保育士募集の枠が少なくなってきていて、例年かなりの倍率です。自治体によって違いはあるものの、少なくとも四倍程度の倍率があり、募集人数によっては十倍を超える場合もあります。

年齢もそれぞれの自治体によって制限されていて、三十歳を超えてしまうと多くの自治体で受験することが自体が難しくなってしまいます。

ただし、採用試験自体は学歴などに左右されず、受験資格さえあれば誰もが平等に試験を受けられます。筆記試験などの出題範囲はとても広く対策には相当な努力が必要ですが、保育士という仕事を安定して続けていきたいと思っている人にはぜひチャレンジしてほしい試験です。

## ▼▼▼試験の実施について

選考料などは特になく、採用試験の多くは六月から九月ごろに実施されています。募集締め切りは試験日の一カ月程度前なので、詳しくは受験を希望する市役所に問い合わせてみましょう。

試験日については各自治体ごとに決められています。希望する地区の採用試験日が異なれば複数受験することも可能ですので、うまくすれば年に数回採用試験を受けることもできます。もし日程が重なってしまった場合は、条件や通勤のしやすさ、採用人数などを比較してみてください。その際注意しておきたいのが、「採用枠が多い」と「採用されやすい」というわけではないことです。若干名の募集と十人の募集では後者のほうが有利なように感じてしまうかもしれませんが、その分受験者が多ければ、結果的に採用枠が多い自治体のほうが倍率が高くなる可能性もあるのです。

## ▼▼▼選考方法

選考方法は、二次選考、三次選考まであるのが一般的です。

一次試験は択一式による一般教養や専門知識が主で、受験地域によっては作文などが課される場合もあります。一般教養などは、自治体ごとに出題されるため難易度も異なります。

二次試験以降も自治体ごとに決められていて、適性試験や体力測定、集団行動観察、ピアノ、面接などの実施が一般的です。

通常、一次試験には合格点数はなく、上位順から合格し、二次試験以降は一次試験での得点と合わせて総合的に判断されます。

## ▼▼▼実際の採用試験実施要綱

ここでは江東区職員（福祉）採用試験実施要綱を例にとって説明します。採用試験実施要綱は区役所や出張所などで配布されるので、詳しくは区役所に問い合わせてください。

1、申込手続き
下記の（1）、（2）の書類を合わせて提出して下さい。また、後日送付する受験票に貼付することになりますので、申込書に貼付した写真と同じ写真をもう一枚用意しておいて下さい。下記の申込書類が全て揃っていないと申し込みができませんのでご注意下さい。なお申込書類は一切返却しませんのでご了承願います。

（1）江東区職員採用選考申込書

（2）官製ハガキ一枚

2、申込方法、申込期間及び申込先

上記の申込書類を揃えて、次のいずれかの方法により申込んで下さい。

郵送により申込む場合は、Ａ４判が入る大きさの封筒（角型二号）に申込書類等を入れ、その封筒の表に赤字で『福祉申込書在中』と明記し、必ず簡易書留により郵送して下さい。

方法　申込期間　申込先

郵送申込　平成二十三年六月十五日（水）から平成二十三年八月十日（水）まで（当日消印有効）

〒一三五—八三八三　江東区東陽四—十一—二十八

江東区総務部職員人事係（本庁舎四階）

持参申込　平成二十三年八月十一日（木）から平成二十三年八月十二日（金）まで

3、受験票の交付

受験票については、下記よりお問い合わせください。

総務部 職員課 人事係　窓口：〇四—〇四　電話：〇三—三六四七—五四八一

4、選考
第一次試験、第二次試験、面接、身体検査

5、最終合格発表
第一次選考、第二次選考の結果を総合的に判断し、最終合格者を決定します。
合格発表　平成二十三年十月中旬予定（第二次選考受験者全員に通知します）

6、合格者の採用時期
最終合格者を採用候補者名簿に登録し、平成二十三年十一月一日以降、必要が生じたつど順次採用します。なお、採用候補者名簿の有効期間は、採用予定日以降一年間となります。

### ▼▼▼できるだけ多くの情報を集める

基本的な学習はもちろん大切ですが、受験する自治体の採用試験の特徴や例年の受験者の人数など、比較・検討に役立ちそうな情報はできるだけ集めておいて損はありません。しかし、公務員試験は各自治体ごとに実施されるために情報がなかなか公に出回りません。何年も受験している人や公務員試験専門の予備校などに通っている人は、受験したい自治体の問題の傾向や難易度など、本来、表に出てこないことを知っていたりもします。初めて受験される人にとってはそういう情報を得ることは難しいかもしれませんが、自治体によっては過去の採用試験の状況をウェブサイトなどで公表している場合もあるので参考までに確認するといいでしょう。また、採用担当の課などに問い合わせてみることで、思いがけない情報を得ることができるかもしれません。このような情報収集は手間がかかりますが、受験先の違いで合否が変わってくることも十分にあるので、ある程度しっかりやっておくことをおすすめします。

参考ウェブサイト

実際の採用試験実施要項（「平成二十五年度特別区職員採用試験・選考日程」は二〇一三年一月三十日（水）告示された〔http://www.city.koto.lg.jp/kusei/recruit/9094/4584.html〕［最終アクセス二〇一三年十一月十日］）

具体的な試験の要項は、「平成二十五年度 特別区（東京二十三区）職員Ⅰ類採用試験案内」（http://www.tokyo23city.or.jp/saiyo/1_annai/annai25.pdf）を参照。

（中野悠人）

## 5 公務員採用・筆記試験対策

ここでは、公務員試験を受験した人の体験談を基に、筆記試験の概要と対策などについて解説していきます。記載している内容は東京都や関東圏の公務員試験の内容を基に作成しています。そのため実際に受験される自治体によって問題の内容や試験科目、受験方法などそれぞれ異なりますのであらかじめご了承ください。採用試験の詳細については各自治体に問い合わせてください。

### ▼▼▼試験会場や雰囲気について

一次試験である筆記試験の会場はその地区の区役所や市役所が一般的です。試験当日はそのほかの職種の試験も同時におこなわれているらしく、異なる職種を受験する人を多く目にしました。また、服装に決まりはないため、会場内のほとんどの人が私服で受験していました。

私が受けた筆記試験は福祉関連で一つの部屋にまとめられていて、そのとき初めてどのくらいの人が採用試験を受験しているのかわかりました。ざっと見た感じでも百人程度はいたので、全員がライバルのように見えました。ただ、そんなことを考えていたのもわずかで、空いた時間のほとんどは勉強したものを見直し、心を落ち着かせるために使いました。

## ▼▼▼筆記試験内容は？

私が受験した自治体では五肢択一式の一般教養と専門知識の問題が九十分、小論文が九十分でおこなわれました。

最初の関門である筆記試験ですが、出題範囲が本当に広いので試験対策にはとても苦労しました。初めて受験する人はきっと驚きを感じるかと思います。

問題は主に中学から高校で勉強した国語・数学・社会をメインにして、英語や美術、物理などすべての範囲から幅広く出題されます。「なぜ保育士になるのに、元素記号が必要なんだ?!」と疑問に思うかもしれませんが、公務員試験ではこの選考方法が主流になっています。

社会の科目だけをとってみても、世界史や日本史、政治・経済、時事問題など、かなり広範囲にわたりますので、どの科目に重点を置くか、過去問題などを入手して自分なりにねらいを決めて取り組むのがいいでしょう。全科目取り組むのではなく、得意分野や出題頻度が高い分野にポイントを絞り、根気よく勉強していくことが合格への近道です。また、公務員試験専門の短期間の民間学校もありますので、時間や予算に余裕があれば検討してみるのもいいと思います。

## ▼▼▼専門知識の筆記試験

一般常識の筆記試験とは別に専門分野のテストがあります。「保育原理」などの保育士資格試験に出題されるような分野からの問題です。難易度は各自治体によって異なりますが、保育士資格を有する人、もしくは保育士資格取得見込みの人であれば、これまで勉強してきた内容の分野なので一般常識に比べれば難易度は低く感じるかもしれません。

私の場合ですが、対策にあてる時間の割合としては一般常識に九割、専門知識に一割程度でした。専門知識の対策時間が少ないように感じるかもしれませんが、一般常識に力を入れたためこのような割合になったといえます。また、自治体によっては専門知識の筆記試験がない場合もあるため、必然的に一般常識にあてる時間が多くなりました。

ただ、実際に試験を受けてみると「勉強したけど思い出せない」ということもあったので、対策時間に余裕があればしっかり見直し、ここでもできるだけ得点をとっておきたいものです。時間に余裕がないとしても最低限全体的に見直しておくことは必要だと思います。

## ▼▼▼小論文

自治体によっては、小論文を課さないところや二次試験に持ち越される場合もありますが、私が受験した自治体では一次試験で実施されました。

小論文のテーマは原稿用紙を配られた時点で発表されます。内容は保育に関することや人物、知識などについてで、テーマに沿って原稿用紙二、三枚程度にまとめます。

まずは出題されたテーマをしっかり理解しましょう。保育士として働く人材を求めているわけですから、その点をふまえて臨み、消極的なイメージや抽象的でわかりにくい文にならないように注意してください。

また、自治体によっては過去のテーマを公表している場合もあるので、どのような傾向のテーマが出題されているか調べることで、対策を立てることも可能です。

さいたま市役所採用職員試験の小論文（職種：保育士）

平成二十四年度
「子どもの成長を育むための保育士の役割をあげ、あなたはどう実践していくか述べなさい」
六十分、八百字以内

平成二十三年度
「子どもと保護者にとって、保育所はどのような場所であるべきか、あなたの考えを述べなさい」
六十分、八百字以内

平成二十二年度
「さいたま市が目指す「子どもが輝く〝絆〟で結ばれたまち」を実現するため、保育士として子ども・保護者・地域社会とどうかかわっていくべきか、述べよ」
六十分、八百字以内

募集要項に掲載されている制限時間内で一度書いてみると、自分がどのくらい書けるのかがわかります。また、「こういったテーマがきたらあの話題を入れよう」などポイントだけ決めておくとより書きやすくなるかもしれません。また、公務員試験の小論文対策の本なども販売されているので参考にしてください。

参考ウェブサイト

さいたま市「過去に出題した論・作文課題」(http://www.city.saitama.jp/www/contents/1363175379133/index.html)［最終アクセス二〇一三年十一月十日］

（中野悠人）

## 6　公務員採用・二次試験

公務員採用試験では、一般的に一次試験合格者を対象に二次試験が実施されます。二次試験も各自治体ごとに異なっていて、対策にはまず受験する自治体の過去の試験内容を把握しておく必要があります。また、自治体によっては二次試験を最終試験とし、実技試験と面接が実施される場合もあれば、二次試験に実技試験をおこない、その合格者を対象に面接をおこなう場合などがあります。実技試験の内容は簡単なものでは体力測定だけといった自治体もありますが、内容が多いところでは、討論会やピアノ試験、弾き語り試験、絵本の読み聞かせ試験、制作の試験などといった項目を一、二項目程度実施する場合もあります。自分が受験する可能性がある自治体に確認してみましょう。

本節では実際におこなわれた自治体の実技試験を例にとって解説していきますので、参考にしてください。

以下は、それぞれ二次試験、三次試験が最終の場合の保育士職員採用試験の例です。

| 埼玉県三郷市職員採用試験 | 東京都江東区職員採用試験 |
| --- | --- |
| 募集職種：保育士 | 募集職種：福祉・保育士・児童指導 |
| [一次試験]<br>筆記試験：教養（百二十分） | [一次試験]<br>筆記試験：教養・専門知識（九十分） |
| [二次試験]<br>適性試験・適応能力の測定<br>集団行動観察試験 | [二次試験（最終）]<br>体力測定<br>口述試験（集団面接方式） |
| [三次試験（最終）]<br>個別面接試験 | |

自治体によって試験の内容がずいぶん異なることがわかると思います。試験内容が少ないほうが負担も軽くチャレンジしやすく感じるかもしれませんが、もしあなたが実技試験や適性試験に十分な対策がおこなえていたり、すでに保育所などで勤務経験があるのでしたら、二次試験以降がライ

バルに差をつけるチャンスでもあります。公務員採用試験では、筆記試験や実技・面接を含めた総合的な結果で採用が決められるため、筆記試験の点差を実技・面接などで挽回することもできます。前年度に実技で落ちてしまった人などにとっては、出題される問題は毎年異なりますが、空気感や試験の流れなどを経験していることは大きなメリットになります。

逆に、あまり対策に時間がとれず実技試験には自信がなかったり、初めて受験する人たちにとっては、実技の内容が少ないほうが、採用試験経験者・保育所勤務経験者との差がつきにくいといえるでしょう。筆記試験で結果を残し、面接でもある程度の評価を得ることができれば、初めての試験で採用されることも十分に可能です。

次は、実際にあった実技試験の詳細な内容です。

## ▼▼▼公務員採用試験二次試験の実例

「平成二十五年度　名古屋市職員採用試験案内（職務経験者）」から

【ピアノ実技】

バイエル教則本の「No.93」「No.95」「No.98」（いずれも原書番号）のうち一曲を演奏する実技試験を行います。

演奏する曲は試験当日に指示します。楽譜は各自で持参してください。

【実技面接】

これまでの職務により培った能力に関する実技試験を行います。実技終了後、関連した質疑応答を行います。詳細は第二次試験対象者に通知します。

【個別面接】

個別面接を行います。

「平成二十五年度 名古屋市職員採用試験案内（職務経験者）」（http://www.city.nagoya.jp/jinji/cmsfiles/contents/0000010/10570/25-keiken-annai-hoiku.pdf）

「平成二十五年度　滋賀県湖南市職員採用初級試験案内」から

【第二次試験】

ア　総合能力試験

択一式により、基礎能力および事務能力について、筆記による試験を行います。

イ　面接試験

個人面接

ウ　実技試験

絵本の読み聞かせおよびピアノの弾き歌いの試験を行います。

「平成二十五年度滋賀県湖南市職員採用初級試験案内」(http://www.city.konan.shiga.jp/cgi/info.php?ZID=16332)

二次試験の内容の印象はいかがですか？

実技試験になるとピアノの弾き語りや絵本の読み聞かせなど、人前に立つことを想定した試験内容になります。特にピアノなどは短期間でマスターすることは難しく、日々の積み重ねが大切になってきます。ピアノが苦手な場合は、実技試験でのピアノが必須の自治体では相当な努力と対策が必要です。また、実技試験では基本的に子どもたちがいると想定しておこなわれます。ですが、リアクションを返してくれる子どもたちが目の前にいるわけではなく、かわりに審査をする試験官がいるため、大きなプレッシャーを感じるかもしれません。そのプレッシャーを少しでも軽減するにはとにかく場数を踏むしかありません。目の前には子どもたちが集まっているイメージを思い浮かべ、自分の世界に入り込むくらいの気持ちで練習を繰り返してください。

## ▼▼▼実技試験の情報について

実技試験の情報開示は、自治体によって異なり、公開されている場合は公式ウェブサイトなどで確認できます。それぞれの自治体の正確な試験情報については、受験を予定している自治体などに問い合わせてください。

(中野悠人)

## 7　公務員採用・面接

面接による選考は、どの自治体でも二次試験や最終試験に必ず組み込まれています。これまでの試験に合格してきた人たちのなかから、保育士として職務に就くうえでより適していると思われる人材を選びます。面接方法としては、個人面接や集団面接がおこなわれます。面接の具体的な様子などについては、各自治体がそれぞれ独自に実施しているため、詳しい内容をつかみにくいのが現状です。筆記試験の場合のように対策本などが出回っているわけではないので、より正確な情報はその自治体の面接を受験したことがある人に聞くのがいちばん確実な方法でしょう。公務員の予備校などにはそういった情報や経験者が集まりやすく役立つかもしれません。

本書では少しでも参考にしていただけるように、公務員試験の面接について実体験を基に一通りの流れを紹介します。実際に受験する自治体とは面接方法や流れなど異なるかと思いますが、似たような質問をされる可能性が高いので、自分だったらこう答えるというシミュレーションの参考にしてください。

### ▼▼▼江東区保育士職員の面接

私の場合は、募集内容に「若干名」と記載されていた募集に対し、面接まで進んだ人は十二人いました。この人数は、面接とは別の日に面接受験者を対象にして体力測定が実施されたためわかりました（このうち、女性が十人、男性が二人でした）。募集人数が「若干名」といった表現はとてもあいまいでわかりづらいですが、多く採用されたとしても半数程度なのではないかと思ったのが印象に残っています。

面接は、グループ面接でおこなわれました。以下がその詳しい内容です。

江東区職員（福祉）採用試験

［面接方法］

面接は四人対四人のグループ面接方式。一番から四番までの番号はあらかじめ受験者に伝えられます。質問時には「何番の方お願いします」と指名されるので、仮に一番だったからといってすべての質問をいちばん最初に聞かれるわけではありません。

［面接時の人数］

・受験者四人

・区職員四人（試験官）、二人（記録者）

会場は区役所の会議室のような場所でした。面接の時間になると一番の人がドアをノックし、「失礼します」と言ってから部屋に入室しました。一番の人に続いて、二番以降の人も一緒に入室して、四番の人がドアを閉めるといった流れです。面接官は四、五十代の区職員と思われる人が四人いて、その隣の机に記録を担当すると思われる人が二人いました。室内は非常に重い雰囲気でした。面接に臨んだほかの三人も決して余裕があるとはいえない様子を肌で感じました。

それぞれ椅子の前に立ち、一番の人から受験番号と氏名などを言って着席します。そして簡単な説明のあとに面接が開始されます。面接官はあらかじめある程度決められている質問内容から選んで質問をおこなっているように感じました。面接は言葉のキャッチボールといった要素はなく、質問に対して受験者が答えると、「以上です」としめくくられました。受験者が回答した内容について深く掘り下げたりすることはありませんでした。このようにして十問（一試験官あたり二、三問）質問されました。回答する順番はランダムです。「では三番の人から」といったように進行するため、質問内容が難しく「あ、まだ言いたいことがまとまらない」といった状態でも答えなくてはならないこともありましたし、逆に最後まで当てられなければ、ある程度先に答えた三人の内容を参考にして自分なりに答えることができた場合もありました。こればかりはその場での自分のコンディションや運の要素があるかと思います。

## ▼▼▼実際の面接官の質問内容

Q　なぜあなたは区職員の採用試験を受験したのか教えてください。またもし採用されたらどのような職員になりたいと考えていますか？

Q　保育園内で障害児の園児に対し、近くにいた健常者の子どもが、「なんで○○くんは……

なの？」と障害について聞いたことで、周りの子どもたちが騒ぎ始めました。あなたなら保育者としてどのような行動をしますか？

Q　公務員批判についてどう思われますか？

Q　幼稚園教諭の資格ももたれているようですが、なぜ保育士を志望したのですか？

Q　保育士で働くうえで、もっとも大切にしなければいけないことを教えてください。

Q　なぜ保育士になりたいと思ったのかを教えてください。

Q　ほかの自治体の採用試験を受験されていますか？　受験している場合はその理由を教えてください。

Q　あなたが勤務する保育所にモンスターペアレントがいた場合、どのように対処しますか？

## ▼▼▼実際に面接を受けてみて

合否の判定の結果は、面接が実施されてから二、三週間後に郵送で通知が届きました。

私の場合、残念ながら不合格でした。いま思い返すと新卒で就職の面接が初めてだったため、その場の緊張感は想像以上で、明らかな面接対策不足だったと感じています。面接は会話の受け答えなので「なんとかなるかも」といった姿勢で臨んでしまっていましたが、間違いだったと思います。この面接を経験していえることは、面接時の緊張感がある空気について心の準備をしておくことと、できるだけ想定される質問内容をシミュレーションし、考えをまとめておくことがとても大切だということです。

筆記試験や二次試験の合格通知から面接まではある程度時間があるはずなので、繰り返し面接対策をおこない、本番に臨んでほしいです。

（中野悠人）

# 第4章 実際の保育の現場について

# 1　保育現場はこんなところ

ここで、保育所の一日を紹介します。一口に保育所の一日といっても子どもたちの年齢によって時間の流れが変わってきます。

①保育所が始まる時間（開園）：七時半くらいから

早番の保育士は、子どもたちが来る前に保育室の換気をしたり、清掃をして迎える準備をします。きょうもみんな、元気に来てくれるでしょうか。

②子どもたちが来る時間（登園）：七時半くらいから九時くらいまで

保護者の出勤の時間に合わせて子どもたちが保育所に登園してきます。

保育士は笑顔で子どもたちを迎え入れ、保護者を「行ってらっしゃい！」と元気よく見送ります。元気がない様子の子どもがいれば、保育士は声をかけて子どもたちの気持ちを聞いてあげたりもします。楽しい一日の始まりですから、子どもたちが笑顔でスタートできるようにします。

③朝の集まり：九時半くらいから

休みの子どもはいないか確認をしたり、子どもたちにきょう一日、何をして過ごすのか、話したりもします。

④カリキュラムに沿った保育の時間：十時くらいから

子どもたちの年齢に合わせた保育をおこなったり、その月や季節の行事をおこなったりします。例えば、七月であれば〝七夕祭り〟、十二月であれば〝クリスマス会〟、また、毎月おこなわれる〝誕生日会〟では、子どもたちが大きくなったことをみんなでお祝いします。子どもたちは大喜びです。

写真１　食事の様子

　また、最近の保護者の要望などから、保育の時間のなかで英語を習ったり体操をしたりなどのカリキュラムもあるようです。この場合は、専門の先生が外部からの講師として子どもたちに指導します。

　基本的に、どの保育所でも〝保育所保育指針〟という〝保育のルール〟に従い、子どもの発達に合わせて保育をおこないます。

⑤昼食：十一時半くらいから

　お楽しみの昼ご飯は給食です。栄養満点で温かい昼ご飯を食べられるのが給食のいいところです。保育士も〝いただきます〟をして子どもたちと一緒に給食を食べます。ちなみに、食物アレルギーがある子どもたちには、そのアレルギーのもとを除いた食事も特別に作ってもらうので、どの子も、安心しておいしい給食を食べることができます。

⑥昼寝：十二時半くらいから

　おなかいっぱいになったら、パジャマに着替えて、昼寝用の布団でごろんとなっておやすみなさい……。甘えんぼさんは、保育士に背中を優しくとんとんしてもらったりしてから落ち着いて寝ます。朝早くからたくさん遊んだので、みんなぐっすり夢のなかです。

⑦おやつ

　十五時前にどのクラスの子どもたちも昼寝から目が覚めて、布団を片づけたらおやつの時間です。手作りの蒸しパンやゼリー、フルーツポンチなど、子どもたちの楽しみな時間です。

写真2　お外でブランコ

⑧お迎えの時間：十七時を過ぎたころから

　保護者が子どもたちを迎えに来ます。子どもたちとさようならをする時間です。子どもたちは保育所も大好きだけど、おうちも大好きなのでにこにこ笑顔で帰っていきます。

　保育所の一日はこのように過ぎていきます。

実は、赤ちゃんには赤ちゃんの時間の流れ、小学生になるくらいの大きい子どもたちは、その子どもたちに合った時間の流れがあります。また、各保育所では保育所保育指針でうたわれているように〝創意工夫〟を凝らしたオリジナルの保育が認められているので「これが正しい！」というものもありません。ここでは参考としてオーソドックスな日課を示しました。

〇歳児に関しては、やはりほかの年齢の子どもたちとはタイムスケジュールが違うので、表18を見てください。また、一歳から二歳、三歳から五歳のタイムスケジュールも表19、20を参考にしてもらえたらと思います。

この保育所で過ごす時間を使って子どもたちは基本的な生活習慣を身につけていきます。自分が保育士になって、子どもたちとどんな一日を過ごすのかな？……と想像してみてください。

（山下智子）

表18　0歳児クラスの一例

| | | |
|---|---|---|
| 7時半ごろ〜 | 登園 | ・おむつの交換・保護者がタオルやエプロンなどを所定の位置に入れる |
| 8時過ぎ〜 | 自由遊び | ・保育士と遊んだり、部屋のなかでハイハイしたり、おもちゃで遊んだりする |
| 9時ごろ〜 | 朝の集まり<br>おやつ | ・名前を呼んでもらったあとは、おやつがわりにミルクを飲んだり、おむつを替えてもらったりする<br>・月齢の低い子は、眠ったりする |
| 10時前〜 | 主な活動 | ・その日によって、バギーカーで散歩に行ったり、行事に参加したりする。保育士に抱っこされて眠ったりする子もいる |
| 11時ごろ | 昼食 | ・発育に合わせた食事を食べる。ミルクを飲む子もいれば離乳食を食べる子もいる<br>・眠っている子は、起きてから食べる |
| 12時前ごろ | お昼寝 | ・顔や手をきれいにしてもらって、おむつの交換もすんだら敷いてもらった布団やベビーベッドでお昼寝をする<br>・午前中に眠っていない子は、ぐっすりと眠る<br>・午前中に眠った子は起きて、離乳食を食べたり、その後は保育士と遊んだりするが、そのうちまた眠ってしまう子もいる |
| 14時半 | 起床 | ・早く寝た子は、そろそろ起きてくる。静かに起きる子もいれば、泣きながら起きてくる子もいる |
| 15時過ぎ | おやつ | ・午前中のおやつ同様、ミルクを飲んだりする子もいれば、調理師さんの作った軽食を食べることもある |
| 16時ごろから | 自由に遊ぶ<br>降園 | ・おやつのあとは、自由に遊んだり、他のクラスのお兄さんやお姉さんと一緒に保護者のお迎えを待つ<br>・保護者が迎えに来た子から順次帰宅する |

表19　1歳児から2歳児クラスの一例

| | | |
|---|---|---|
| 7時半ごろ〜 | 登園 | ・保育士や友達におはようの挨拶<br>・タオルなどを所定の位置に入れる |
| 8時過ぎ〜 | 自由遊び | ・保育士と遊んだり、ひとり遊びをしたりする |
| 9時ごろ〜 | 朝の集まり<br>おやつ | ・名前を呼ばれて返事をする<br>・バナナや牛乳、ヨーグルトなどの簡単なおやつを食べる |
| 10時前〜 | 主な活動 | ・公園に散歩に行ったり、行事に参加したりする<br>・友達との交流も出てくる |
| 11時ごろ | 昼食 | ・発育に合わせた食事を食べる |
| 12時前ごろ | お昼寝 | ・トイレに行き、パジャマに着替えたら敷いてもらった布団でお昼寝をする。ぐっすりと眠る |
| 14時半 | 起床 | ・自分で目が覚めたり起こされたりする<br>・トイレに行ったり、洋服に着替えたりする |
| 15時過ぎ | おやつ | ・調理師さんが作った蒸しパンや、ゼリーや果物を食べる |
| 16時ごろから | 自由に遊ぶ | ・おやつのあとは、自由に遊んだり、他のクラスのお兄さんやお姉さんと一緒に保護者のお迎えを待つ |
| | 降園 | ・保護者が迎えに来た子から順次帰宅する |

表20　３歳児から５歳児クラスの一例

| | | |
|---|---|---|
| 7時半ごろ〜 | 登園 | ・鞄を片付けたり、連絡帳の提出など身の回りの整理整頓をする |
| 8時過ぎ〜 | 自由遊び | ・園庭に出て友達と遊んだり、部屋で絵本を読んだり自由に遊ぶ<br>・係りが決まっている子どもは、植物に水をあげたり、小動物の世話をしたりする |
| 9時ごろ〜 | 朝の集まり | ・名前を呼ばれたら元気よく返事をする<br>・今日の予定を聞く<br>・職員室や調理室に欠席人数を知らせに行く |
| 10時前〜 | 主な活動 | ・カリキュラムに沿った活動をおこなう<br>・制作や運動遊びなど<br>・英語のカリキュラムが組み込まれている園もある |
| 11時ごろ | 昼食 | ・手洗いや排泄をすませ昼食の準備をする<br>・調理室から給食を受け取り、配膳したり、してもらったりする<br>・マナーを守り、おいしくいただく |
| 12時前ごろ | お昼寝（３・４歳児） | ・歯磨き、排泄をすませパジャマに着替える<br>・脱いだ服はたたんでおく<br>・5歳児は寝ずに午後の活動をするところが多い。その場合は絵を描いたり、ブロックをしたり本を読んだりして過ごす |
| 14時半 | 起床 | ・目が覚めた子から排泄や着替えをおこなう |
| 15時過ぎ | おやつ | ・調理師さんが作った軽食を食べる |
| 16時ごろから | 自由に遊ぶ | ・おやつのあとは、友達と自由に遊んだり、乳児クラスの赤ちゃんと遊んだりしてお迎えを待つ |
| | 降園 | ・保護者が迎えに来た子から順次帰宅する |

## 2　保育所での年中行事について

保育所では、日本の文化や行事について子どもたちに伝えて一緒に体験します。年間を通して保育所に通うなかで、春には春の行事、夏には夏の行事……それぞれの行事に意味があります。

また、季節ごとの行事だけではなく保育所ならではの行事もあり、それらを通して子どもたちにも豊かな感性や情緒が育っていきますし、日本という自分の国の文化や成り立ちを理解するきっかけにもなります。

子どもたちは、まだ幼くて理解できることとできないことがありますが、保育士が初めから「わからないだろう」と決めるのではなく、そのつど話をしていくなかで、自然と理解できるようになっていくでしょう。

ここでは保育所で子どもたちが経験するだろう主な行事について説明します。

この表のなかからいくつかの行事について詳しく説明します。

### ▼▼▼誕生日会

どこの保育所でも、毎月おこなわれる誕生日会。覚えている人も多いのではないでしょうか。

その月に生まれた保育所内の子どもたちがホールなどに集まって園長や保育士や友達みんなに

表21　年中行事の例

| | 一般の行事 | 保育所の行事 |
|---|---|---|
| 4月 | 春の交通安全週間（6日～15日）<br>昭和の日（29日） | 入園式<br>始業式<br>健康診断<br>誕生会（毎月おこなわれます） |
| 5月 | 憲法記念日（3日）<br>みどりの日（4日）<br>こどもの日（5日）<br>母の日（第2日曜日） | 保育参観<br>春の遠足 |
| 6月 | 衣替え（1日）<br>虫歯予防デー（4日）<br>時の記念日（10日）<br>父の日（第3日曜日）<br>夏至（21日ごろ） | 歯科検診<br>プール開き |
| 7月 | 七夕<br>海の日（第3月曜日） | 七夕祭り<br>夕涼み会・夏祭り<br>夏休み<br>お泊り保育 |
| 8月 | 原爆の日（6日・9日）<br>お盆（13日～15日）<br>終戦記念日（15日） | お盆休み |
| 9月 | 防災の日（1日）<br>動物愛護週間（20日～26日）<br>敬老の日（第3月曜日）<br>秋の交通安全週間（21日～30日）<br>秋分の日（23日ごろ） | 避難訓練<br>敬老参観日<br>十五夜 |
| 10月 | 衣替え（1日）<br>体育の日（第2月曜日）<br>読書週間（10月27日～11月9日）<br>ハロウィン（31日） | 芋ほり遠足<br>運動会<br>ハロウィンパーティー |
| 11月 | 文化の日（3日）<br>立冬（8日ごろ）<br>七五三（15日）<br>世界子どもの日（20日）<br>勤労感謝の日（23日） | 秋の作品展 |

| | | |
|---|---|---|
| 12月 | 冬至（22日ごろ）<br>天皇誕生日（23日）<br>クリスマス・イブ（24日）<br>クリスマス（25日）<br>大晦日（31日） | 大掃除<br>クリスマス会<br>餅つき |
| 1月 | 元旦（1日）<br>書初め（2日）<br>七草（7日）<br>鏡開き（11日）<br>大寒（20日） | お正月<br>たこ揚げ大会 |
| 2月 | 節分（3日ごろ）<br>立春（4日ごろ）<br>建国記念日（11日）<br>バレンタインデー（14日）<br>うるうの日（29日※4年に1度） | 豆まき<br>劇遊び・生活発表会 |
| 3月 | ひな祭り（3日）<br>耳の日（3日）<br>春分の日（21日ごろ） | ひな祭り<br>終業式<br>卒園式 |

「おめでとう」と祝ってもらい、自分が生まれてきたことに喜びを感じる日になります。

誕生月の子どもたちは、みんなの前に座って保育士からメダルや冠（色画用紙などで手作りしているものが多いです）を受け取り、その日の〝スター〟として扱われ、満面の笑顔になります。

歌を歌ってもらったり、ちょっとした手品やお話の会もあったりして、人きくなったね！とみんなにお祝いをされて大満足となるでしょう。

写真も撮って、後日保護者にもその日の笑顔を見てもらいます。

### ▼▼▼七夕まつり

みなさんもご存じの七月七日七夕の日は、保育所に大きな笹が登場します。織姫様や彦星様の話を聞いて、その夜は「晴れるといいな」と祈ってみたり、自分の願いも聞いてもらおうと短冊に願い事を書いて笹につるしたりします。

子どもたちの願い事はとてもかわいらしく、「大きくなったら△△になりたい」というものから「ゲームを買ってほしい」というお願いや、「テレビに出てくるアニメのヒーローに会いたい」というものなど、たくさんつるされます。

## ▼▼▼秋の運動会

どの保育所もだいたい十月の前半に運動会がおこなわれます。全員が元気よく体操の演技やダンスを披露したりします。

〇歳児などの赤ちゃんは、保護者と一緒に競技に参加しますが、園庭に出て座っているだけでもかわいいという声援を浴び、それなりに楽しみます。

年齢が上がれば上がるほど競技も盛り上がり、特に卒園を控えた年長児クラスでは、帽子取り（騎馬戦のようなもの）やかけっこなど、保護者ともども熱が入ります。組み体操やパラバルーンの演技などを見て、わが子の成長した姿に涙があふれる保護者も多いことでしょう。

園の庭が手狭な場合は近くの小学校の校庭を借りたりします。

父親、母親だけではなく、その日は祖父母も勢ぞろいで、子どもたちはみんなに応援され、おなかぺこぺこになって、おいしい弁当を食べる思い出はなにものにも代え難いすてきな宝物になること間違いなしです。

以上が一般的に保育所でおこなわれる行事です。

保育所によっては、寺院が経営母体の場合もあるので、その宗派独自の行事が盛り込まれたり、反対にキリスト教の行事であるクリスマス会がおこなわれないこともあります。

表20に挙げた以外にも、園の独自の行事が盛り込まれたり、子どもたちが生き生きと毎日を過ごすための工夫があります。保育士は、子どもたちの思い出がきらきら光るものになるために準備を怠りなく頑張るのです。

ちなみに、保育所には両親が共働きであるなどの理由で入所している子どもたちがいるわけですから、幼稚園のように長期にわたっての「夏休み」「冬休み」「春休み」は原則ありません。

ただし、保育士は、園が定めた休暇期間を調整してきちんと休みをとることができますので、安心してください。


（山下智子）

## 3　保育士の仕事って？

さて、次に〝保育士の仕事内容〟について、もう少し詳しく話したいと思います。

第1章でも書きましたが、保育士の仕事の主になるのは子どもの保育です。しかしそれ以外にもいろいろな役割や責務があり、なにより子どもが〝基本的な生活習慣を身につける〟ことの手助けをすることが求められます。

幼児教育での基本的な生活習慣とは主に①食事、②睡眠、③排泄、④清潔、⑤衣服の着脱（脱ぎ着）、の五つが挙げられます。

これらについて、一つずつ説明していきましょう。

①食事：月齢や年齢に合った食事の提供とともに、食事のマナーや食べる楽しみを伝えていきます。最近は食育に力を入れる保育所も多く、子どもたちが実際に自分たちで調理をしてそれを食べたり、畑を借りて、そこで育てた野菜を収穫して食べるなど、自然の恵みに対しての感謝の心も伝えます。

②睡眠：保育所には昼寝（午睡）の時間があります。午前中にしっかり遊ばせて適度に体力を使ったあと、体を休めるために睡眠をとります。ここで休んでおかないと、年齢が低い子どもたちは夜まで体力がもたず、疲れてしまいます。安心して穏やかな気持ちで眠りにつく心地よさも味わいます。五歳児になると午睡をしないで午後の時間を過ごすようになります。小学校では午睡の時間はないので、事前に練習します。

③排泄：生まれたばかりの赤ちゃんはおむつをしていますが、年齢が上がってきて徐々に自分でトイレに行く習慣を身につけていきます。トイレトレーニングという言葉を聞いたことがあると思いますが、無理がないように排泄の自立を促してあげることが保育士の重要な役割です。最初は失敗してもやさしく見守り、じょうずにできたときは思い切り褒めてあげる……の繰り返しで、子どもたちはスムーズにおむつとさよならをしていきます。

④清潔：子どもたちにとっての清潔とは二通りあり、一つ目は自分自身を清潔に保つということ、

二つ目は、自分の身の回りを片づける、整理整頓ができるようになるということです。

自分自身を清潔に保つためには、その〝清潔〟であることの気持ちよさを子どもたちに覚えてもらう必要があります。おしっこが出たらおむつを取り換える、鼻水が出たらすぐに拭いてあげる、食事をしたら歯磨きをする、外から帰ってきたらうがい・手洗いをするなど、こまごまとしたことがたくさんありますが、繰り返すことによって子どもたちは清潔であることの気持ちよさを知り、自分でできるようになります。

また、身の回りの整理整頓も、ただ「片づけなさい」と言うのではなく、子どもと保育士が一緒になって片づけをおこなうなど、大人が見本となる姿を見せて習慣づけをスムーズにおこなう方法が効果的です。

⑤衣服の着脱：年齢とともに衣服の脱ぎ着が自分でできるようになるために、保育士は段階を追って子どもたちの自立を促します。

パンツの脱ぎ着は前・後ろの確認、シャツの脱ぎ着はボタンのかけ方やはずし方、靴下や靴までも自分でできるようになるには三年ほどかかるでしょうか。「自分でやりたい」と言う時期が子どもたちには必ずあるので、そのタイミングを見逃さないように、そしてうまくいかなくても時間がかかっても〝待つ〟気持ちをもち、子どもの成長を見守ります。

以上、いろいろ述べましたが子どもにとっての保育士とは、ただ母親みたいな存在だけにとどまらず成長に合わせた自立の手助けをすることも大事な役割とされています。

また、地域のなかでの保育所の保育士としては園庭開放に訪れた親子の対応や、育児に悩んでいる母親の相談を受けるなど、子育て支援でも大切な役割を担っています。

保育士は、子どもの虐待などに気づいたり、未然に防いだりなどの気働きも必要です。とても難しい問題ですが、今後は子どもだけでなく、保護者の気持ちにも寄り添うことができる保育士が、ますます望まれそうです。


（山下智子）

## 4　保育所での遊びについて

子どもにとっての遊びは生活と直結していますから、経験することがすべて遊びだといっても過言ではありません。

その「遊び」は、実はひとくくりにできるものではなく、子どもの発達によって種類も変わってきます。ここでは保育のなかでの遊びを中心に述べていきます。

### ▼▼▼〇歳から一歳のころの遊び

「いないいないばあ」や「たかいたかい」など、子ども自身が直接遊びに関わるというより、大人に遊んでもらうことが一般的です。ひざの上に乗せてもらったり、抱っこしてもらったりして、互いに笑顔でスキンシップをとりながらの遊びが主になります。

また、赤ちゃんがよくおこなうことのなかで、なんでも口に入れてなめてみて感触を確かめたり、持った物を床やテーブルにぶつけてみて音を出すことも、実は遊びの一つなのです。

危険なことはまだ自分で避けることができないので、保育士が安全に注意して自由に動ける空間を作ってあげることが大切です。

独り言のような声を出しているときも、意味がないように思えても保育士が「そうなのねー」「楽しかったねー」などと応答してあげると、きっと赤ちゃんもうれしいことでしょう。

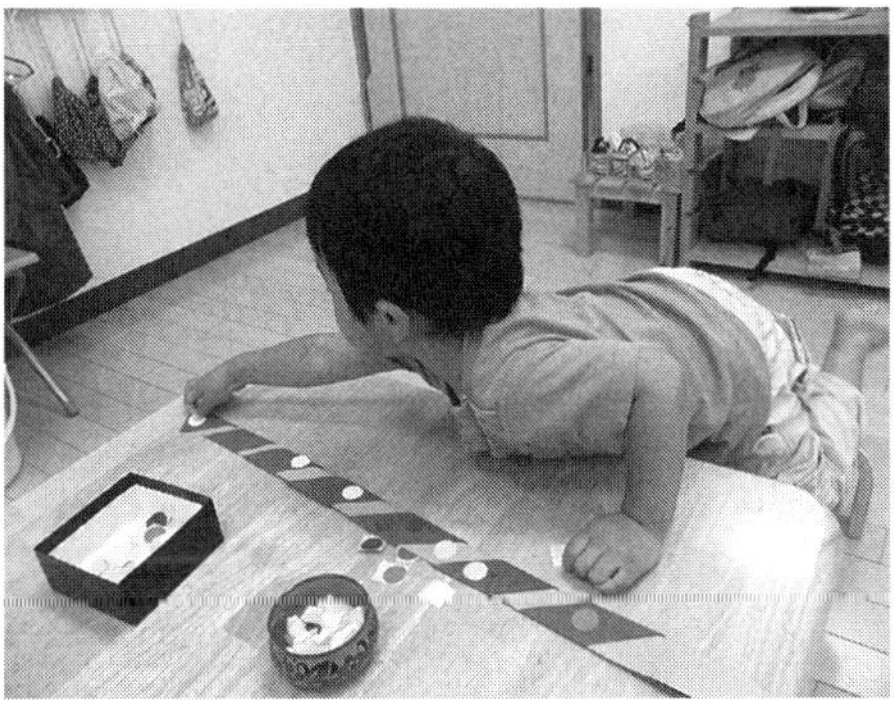

写真３　遊びの様子１

### ▼▼▼一歳過ぎから二歳くらいまで

一歳になるくらいから、絵本の読み聞かせをしてみるのもいいでしょう。まだ文字は読めませんし、話の意味もわかりませんが、きれいな色の絵を見たり、保育士の優しい口調の読み聞かせは子どもの気持ちも落ち着かせるでしょう。

簡単な手遊びも、これくらいの時期から一緒にできるようになります。「とんとんひげじいさん」や「わたしはねこのこ」「げんこつやまのたぬきさん」などを保育士が表情豊かにゆっくりおこなうことで、子どもたちはまねをしようとします。

また、ちょっとした段差を上ってみようとしたり、水たま

写真４　遊びの様子２

りにじゃぶじゃぶ入ってみたりすることを喜ぶようになります。大人にとってはなんてことない坂道を一生懸命上ってみたり、自分の力を試してみるようなチャレンジも目にすることが多くなりますし、積み木を積み重ねていっては倒すなどの単調な繰り返しも遊びとなります。毎日の経験が新鮮で楽しい時期です。

## ▼▼▼二歳から三歳くらいまで

簡単な鬼ごっこや追いかけっこ、かくれんぼなどを好んでするようになります。三輪車に乗ってみたりなど全身を使って遊ぼうとする時期です。「歩く」から「走る」こともだんだんできるようになってきて、スピード感も楽しみ始めます。また、経験したことを遊びとしておこなって、「寝るふり」「食べるふり」「泣くふり」など、そのあとの〝ごっこ遊び〟につながる遊びも見られるようになります。

また、大き目のブロックを組み立てたりはずしたりも楽しくなってきます。

## ▼▼▼三歳から四歳くらいまで

写真5　遊びの様子3

遊びのなかでのルールを理解できるようになるので、決まりを守ってゲームを楽しんだりすることが少しずつ増えてきます。鬼ごっこの種類が増え、走ったりなどの競争も理解できるようになります。クラスのみんなと一緒におこなうゲームもできるようになり、遊びの幅が広がります。集中する時間もぐんと増えて、遊びに夢中になることが多いですので、保育士の都合で急に遊びを中断しないような配慮も必要でしょう。

また、道具が使えるようになり、のりやはさみ、クレヨンやマジックなどを使っての遊びも楽しみ始めますし、積み木やブロックもできあがりを予測し想像して組み立てることができるようになるのもこの時期です。

パズルに夢中になった経験を覚えている人たちも、きっとこのころの記憶でしょう。

写真6　遊びの様子4

### ▼▼▼四歳から五歳以上くらい

これまでの遊びに加えて、自分で作ったもので遊んでみたり、自分たちでルールを決めて遊びを発展させたりできるようになります。ケンカをしても、保育士に頼らず仲直りしようと努力するようになります。

ゲームも複雑な決まりを理解できるようになるので、トランプやかるたなども楽しめて遊びの幅が広がります。

そしてスピード感がある運動に興味をもち、全身を使った遊びを知ってサッカーや木登り、水泳に自転車乗りを楽しめるようになりますし、音楽に合わせてダンスをしたり、長めの曲も理解して歌を歌うなどの身体表現活動も加わります。

さて、これで一通り、保育のなかでの遊びにふれてきましたが、これ以外にも伝承遊びと呼ばれる遊びもあるので、少し紹介しておきます（第2節「保育所での年中行事について」表21「年中行事の例」参照）。

例えば、たこ揚げや福笑い、お手玉、おはじき、折り紙にあやとり、メンコ遊びやコマ回しなどは伝承遊びの代表的なものとして、みなさんも聞いたことがあるのではないでしょうか。

また、「おしくらまんじゅう」や「はないちもんめ」「竹馬」「ゴム跳び」、それに「わらべ歌」や「数え歌」「絵描き歌」も昔ながらの遊びとして大人から子どもたちに伝えていけるといいのではと思います。

昔は空き地や広場、川や山などの遊び場がありましたが、最近の遊び場所はもっぱら家のなかやせいぜい庭先くらいです。せっかく、保育所という広い空間で長い時間過ごすのですから、いろいろな遊びを通して子どもたちに多くの経験をさせてあげたいものです。

（山下智子）

## 5　子どもの笑顔が広がる楽しい世界――おすすめの絵本の紹介

絵本は、子どもにとっても保育士にとっても大事なものです。

「好きな絵本を、好きな先生に読んでもらう」「好きな絵本を何度も自分で読み返してみる」など、子どもの心の発達にも大きく貢献するものです。

紙芝居は〝芝居〟ですので、表現豊かに声の強弱をつけたり、声色を替えたりなどの工夫を入れながら読みますが、絵本はあまりそういうことはしません。そのとき、その子どもが、その絵本に対してどういう思いをもつのか、読んだあとにどんな気持ちになるのかも、一回一回違うでしょう。絵本は子どもの想像性を育む、大切な教育ツールといえます。

しかし、最初はあまり難しく考えず、いろいろな絵本を読んであげてください。そのうちに、自分の好みの絵本や子どもたちに好まれる絵本が自然にわかってきます。

子どもたちに、何か伝えたいことがあるときなども、絵本を使ってメッセージを届けることもできます。

奥が深い絵本の世界ですが、ここで少しだけおすすめの絵本を紹介します。乳児向きと幼児向きに分かれていますが、子どもの好みに合わせて読んであげるといいと思います。大きくなっても、幼いころに読んだ好きな絵本は何度でも読み返したいものです。忙しくて時間がないときもあるかもしれませんが、最初に時間を決めて、その時間は毎日読むようにするといいでしょう。

## ▼▼▼乳児におすすめ

たにかわしゅんたろう作、もとながさだまさ絵『もこもこもこ』(〔みるみる絵本〕、文研出版、一九七七年)

○歳児担当のころに子どもをひざに乗せて読むと、「もこもこもこ」「にょき」「ぱく」「ひゅーーん」という音の響きだけで、子どもたちが喜んでくれた絵本です。擬音語は新人の保育士にとって読むのが恥ずかしいかもしれませんが、間違いなくどの乳児も大好きになります。何回も読むうちに、乳児でも一緒に声が出てきます。大型で絵がシンプルなのもいいのかもしれません。

なかがわりえこ作、おおむらゆりこ絵『ぐりとぐら』（〈こどものとも〉傑作集〉、福音館書店、一九六七年）

「ぼくらのなまえは　ぐりとぐら。このよで　いちばん　すきなのは　おりょうりすること　たべること」と料理じょうずの二人（二匹？）が歌うように、できあがったお菓子は、こがね色でふんわりして絵なのにさわってみたくなるほど、魅力的です。いい匂いまで届きそう！

大きな卵を、どうやって割るのか、どんなお菓子ができあがるのか、とワクワクする出来事が満載の一冊です。「ぐりとぐら」シリーズの第一弾。

グレース・スカール作『ねこがいっぱい』（やぶきみちこ訳〔福音館あかちゃんの絵本〕、福音館書店、一九八六年）

かわいいネコが、題名どおり、いっぱい出てきます。大きいネコに、小さいネコ……。子どもたちに読んであげると、ページに描かれているネコを一生懸命目で追うのがわかります。最後の「みーんな一緒に」のフレーズのあとに、子どもたちも一緒に「にゃーお！」。

同じシリーズの『いぬがいっぱい』（グレース・スカール作、やぶきみちこ訳〔福音館あかちゃんの絵本〕、福音館書店、一九八六年）もおすすめです。

林明子作『きゅっきゅっきゅっ』（〔福音館あかちゃんの絵本――くつくつあるけのほん〕、福音館書店、一九八六年）

林明子(1)の赤ちゃんの絵本。私はよく友達の出産祝いにプレゼントしました。色遣いはあまり多くなく、朱色に近い赤色が印象に残るように効果的に使われています。「きゅっきゅっきゅっ」と手や口を拭いてもらう赤ちゃんの絵に、自分も赤ちゃんなのにひざの上の子どもが見入ります。「きゅっきゅっきゅっ」の繰り返しが多いので、リズムをつけながら読んであげましょう。

五味太郎作・絵『きんぎょがにげた』(〔福音館の幼児絵本〕、福音館書店、一九八一年)

大好きな五味太郎の絵本の一冊。

丸いピンクの金魚が、部屋のなかを泳ぎ回ります。「どこに逃げた? あれ? ここかな? ここにいるかな? いたねー!」と、絵本を一緒に指さしながら子どもと楽しみます。

何度読み聞かせをしたかわからないほど、出番が多い絵本です。実習などで、子どもをひざに乗せて読むには、長さもちょうどよく、ゆっくり目に読んであげるといいでしょう。

松谷みよ子作、瀬川康男絵『いないいいない

ばあ』（〔松谷みよ子あかちゃんの本〕、童心社、一九六七年）

松谷みよ子の有名すぎる絵本で、どこの保育所の〇歳児クラスにもあるといっても過言ではないでしょう。読んだ回数もいちばん多いかもしれません。

「いないいないない」の言葉に合わせて、ネコやネズミが「ばあ！」をするのですが、最後は一緒に読んでいる子どもの名前を呼んであげて「〇〇ちゃんも、いないいないない、ばあ！」としめくくると喜んでくれるでしょう。

何人かに読んであげている場合は、一人ずつ「△△ちゃんも、□□ちゃんも……」と、みんなの名前を呼んであげると喜びます。

せなけいこ作・絵『ねないこだれだ』（〔いやだいやだの絵本〕、福音館書店、一九六九年）

作者のせなけいこは、たくさんの作品を世に送り出しています。赤ちゃんのクラスにはよく置かれている絵本の一つです。

タイトルどおり「寝ないこは誰だー？」とおばけから怒られるという、小さな子がちょっとドキドキする話です。どれだけドキドキさせるかは読み手のテクニックにもよります。

普段、絵本はあんまり大げさには読まないものですが、この絵本を読むときは私は少し声を低めにします。「あれあれあれあれ……?」と、おばけに見つけられた絵本のなかの子どもが、そっと後ろを振り返る姿はかわいらしく思いますが、読んでもらっている子どもはちょっとドキドキし始めます。「おばけのせかいへ……」のあとに「とんでいけー」というフレーズでは、もう一つ低めの声で読んで臨場感を出すのですが、そのころには子どもたちは神妙な顔つきで「寝なくちゃ」と思っていることでしょう。でも、怖がらせすぎには注意しましょう。

小さな絵本なので、子どもをひざに乗せて、顔をのぞき込みながら読んであげるのもいいでしょう。

## ▼▼▼幼児におすすめ

レオ・レオニ作・絵『スイミー――ちいさなかしこいさかなのはなし』（谷川俊太郎訳、日本パブリッシング、一九六九年）

レオ・レオニの絵本のなかで、日本でいちばん有名な作品かもしれません。小学校の国語の教科書にも引用されているくらい有名な絵本です。

大きな魚に仲間の魚がみんな飲み込まれて、悲しく寂しい気持

ちで逃げ続けた小さな魚〝スイミー〟。怖くて怖くて逃げ続けた海のなかは、気がつけば色とりどりの美しい生き物がたくさん。大きな魚を怖がって逃げてばかりではだめだ、まだまだ自分には見たいものの経験したいものがたくさんあるぞと気がつきます。

再び元気になったスイミーは、出会った新しい友達と一緒にある作戦を立てました。大きい魚に打ち勝つために、スイミーたちは、どんな力を出し合ったのでしょうか。

レオ・レオニの深いメッセージが隠されている絵本です。

西巻茅子作・絵『わたしのワンピース』（こぐま社、一九六九年）

女の子に「なんの絵本が好き？」と聞くと、だいたいこの書名が出てきます。表紙に描かれた黄緑と白が印象的でかわいらしい線の細いウサギが子どもの心に残るのでしょうか。

真っ白なスカートに虹や星が映り、本当にこんなすてきなワンピースがあればいいのに、と大人もワクワクする一冊です。

ウィリアム・ニコルソン作・絵『かしこいビル』（まつおかきょうこ／よしだしんいち訳、ペンギン社、一九八二年）

おばあちゃんの家に行くことになったメリーに連れていってもらえなかった人形の兵隊のビルは、本当に本当に残念そうに泣きます。でも、そこで諦めるビルではありません。「メリーに追いつかなくっちゃ！」と真剣にビュンビュン走ります。

最後はクスッと笑える、味がある絵本です。文字のフォントも工夫されていて趣があるので、お気に入りの一冊になるでしょう。

マーガレット・ワイズ・ブラウン作、レナード・ワイスガード絵『たいせつなこと』（うちだややこ訳、フレーベル館、二〇〇一年）

どちらかというと、年齢が高い子ども向きの絵本で、大人でも何かしら考える一冊です。一つずつ、ゆっくり読みたくなるような文字の配置に静かな絵がマッチしています。「あなたが　あなたで　あること」は、誰にも遠慮することなく当然そのようにあっていいのだという穏やかですが強いメッ

セージが込められています。

授業で学生たちが見入る絵本です。みなさんが自分で読んでみるのもいいのではないでしょうか。

シゲタサヤカ作・絵『まないたにりょうりをあげないこと』（〔講談社の創作絵本〕、講談社、二〇〇九年）

どんどんまな板がぶ厚く、ふてぶてしくなっていく様子が腹立たしいし、むしゃりむしゃりと料理を食べる顔のずうずうしいこと。それでも、どうなっちゃうの？、ばれちゃうの？、とドキドキしながら読める絵本です。おもしろくて気に入っています。絵のイメージと話の内容が合っていて、ほかの作品[2]も読んでみたいなと思う絵本作家の作品です。

トミー・アンゲラー作・絵『すてきな三にんぐみ』（いまえよしとも訳〔世界の新しい絵本〕、偕成社、一九六九年）

泥棒の三人組が、魅力的なヒーローになります。

もともとは、やってはいけないことをやっている三人組なのですが、ある女の子と出会ってからは……。

読み聞かせをすると、子どもたちは「ああ、よかったね」「すてきな三人組だね」と賛辞を口にします。じっくりおもしろい絵本です。

長谷川摂子作、ふりやなな絵『めっきらもっきらどおんどん』（〔〈こどものとも〉傑作集〕、福音館書店、一九九〇年）

保育所で働いていたときに見つけて読んで、大好きになった絵本です。

主人公のかんたが見た夢、というには壮大すぎる出来事が起こります。

魅力的な登場人物たちと、たくさん遊んだら、さよなら。

「ちんぷくまんぷく……」と子どもたちと一緒に歌いながら読みました。

言葉の音がよく、何度も読みたくなる絵本です。うちの娘たちも大好きです。

『おだんごぱん――ロシア民話』（せたていじ訳、わきたかず絵〔世界傑作絵本シリーズ〕、福音館書店、一九六六年）

どこの保育所の本棚でも見かけます。粉箱の隅から寄せ集められた粉で作られた〝おだんごぱん〟。できあがった、と思ったら作ってくれたおじいさん、おばあさんから逃げ出してしまいました。

ころころころころころ……。転がっていく先々で、捕まりそうになっては逃げて、の繰り返し。そんなおだんごぱんですが、とうとう最後には……。子どもたちも、あっ！とびっくりです。

「ぼくは、てんかの、おだんごぱん。ぼくは、こなばこ、ごしごしかいて。あつめてとって……」という繰り返されるフレーズは、リズムをつけて読んであげると、子どもたちも覚えて、途中からは一緒に歌い始めるでしょう。

いわむらかずお作『14ひきのねずみ』シリーズ（童心社、一九八三年―）

ねずみの大家族が、森のなかで生活する様子が生き生きと、そしてほのぼのと描かれている作品です。

一日のほんのささいな、朝ご飯を作る様子や、洗濯の様子、ピクニックに行ったり、ヤマイモ掘りに行ったり、月見に餅つき、そして長い冬を過ごす様子など、この十四匹の大家族が力を合わせて生きている姿がほほえましいです。

毎回、表紙の裏に、野山の植物が繊細に描かれているのも魅力的で大好きなシリーズです。現在までに十二の作品が出版されていて、日本だけではなく世界中の子どもたちにも愛されています。

文章が絵本のいちばん下に一列ずつ書かれているので、読み聞かせをするときには持つ手で隠れないように注意しましょう。

みやざきひろかず作・絵『チョコレートをたべたさかな』（ブックローン出版、一九八九年）

ある日、偶然に人間が橋の上から落としたチョコレートを食べた魚の一生の話です。

チョコレートを思わせる淡い茶色が印象的な小ぶりの絵本ですが、うちの娘たちが心に残った絵本として挙げる一冊です。

静かに話は進んでいきますが、最後まで読んだときにみなさんはどんな感想になるでしょうか。短い話ですが、どちらかというと大きい子に読んであげるほうが効果的かもしれません。「死」とはどういうことなのかを考えるきっかけにする子どももいることでしょう。

筒井頼子作、林明子絵『はじめてのおつかい』（〈こどものとも〉傑作集）、福音館書店、一九七七年）

数多くの絵本を描いている林明子の作品の一つ（注（1）を参照）。私も好きですが、学生に読み聞かせをするとほかの作品も見てみたい！という反応が返ってきます。絵柄が温かく、どのページにも隠されたメッセージがあちこちにちりばめられていて、それを見つけることが楽しくなります。

この『はじめてのおつかい』では、弟が生まれて手が離せないお母さんのかわりに、お姉ちゃんが初めてのお使いに行きます。お金をしっかり握って急いで店に向かう道中や、店で「くださいな」と言う勇気やタイミングを探るときの心の様子がしっかり伝わって、読んでいる私たちも「頑張ってー！」と応援したくなります。

その気持ちをみなさんにも味わってもらえる一冊です。

生源寺美子作、山本まつ子絵『にじいろのさかな』（〈創作童話シリーズ〉、佼成出版社、一九八二年）

虹色に輝く、いばりんぼうの魚には友達がいません。自分のきらきら光る鱗を自慢ばかりして、「そのうろこをひとつ、ちょうだい」と言われても「とんでもない」。そうするうちに、虹色の魚の周りからはどんどん友達が減っていきます。友達なんていらないと思っていた虹色の魚でしたが……。

きらきら光る鱗がとてもきれいな絵本で、子どもたちも大好きです。保育の制作活動でもこの絵本はよく使用します。子どもたちが大好きなので、何度も「読んでー！」と頼まれる一冊です。

マリア・テルリコフスカ作、ボフダン・ブテンコ絵『しずくのぼうけん』（うちだりさこ訳、福音館書店、一九六九年）

かわいい題名ですが、絵も抜群にかわいらしい絵本です。〝しずくの冒険〟にぴったりな絵ですし、訳も魅力的です。文字も絵の一部と化していてシンプルなキャラクターに合っています。

おばさんのバケツから飛び出したひとしずくが旅に出て、ばい菌まみれになったり、蒸発したあとに雲から雨になって飛び降りたり。場所を変え、姿を変え、ありとあらゆる〝ひとしずく〟がたどり着いたところは……。最後は子どもの絵本にしては少しシュールですが、それでも続きを想像してワクワクする読後感が味わえるでしょう。

小学生にも読んであげると、〝水の行方〟を学ぶいいきっかけになると思います。子どもだけで味わうのはもったいない絵本の一冊です。

ハンス・ウィルヘルム作・絵『ずーっとずっとだいすきだよ』（久山太市訳〔児童図書館・絵本の部屋〕、評論社、一九八八年）

「ぼくたちはいつもいっしょだったんだよ」という思いがこもった始まりです。〝ぼく〟は、エルフィーという犬と一緒に心も体も大きくなったけど、そのうちエルフィーは、〝ぼく〟を追い越していきました。

絵本の中盤を過ぎるころから、胸が苦しくなるような切なさを感じながら読むことになるでしょう。友達であり家族である大事なエルフィーが歩けなくなって、動けなくなって、そして……。大事な存在との別れをどう受け入れるのか、どうしたら悔いなく乗り切ることができるのか。避けられないつらい別れとの向き合い方を〝ぼく〟が教えてくれます。〝ぼく〟は、これからもずっと大事なみんなに「ずーっとずっとだいすきだよ」って言い続けるし、だから前を向いて歩いていけるというメッセージもこめられているのではないでしょうか。

子どもたちも身動きせずに見入る絵本ですし、読んでいる自分も毎回涙がこぼれてしまう絵本です。

以上、ほんの少しですが子どもに読み聞かせをしたい絵本を紹介しました。

日本での絵本の歴史は意外と浅く、第二次世界大戦中は戦時教育のために絵本が紙芝居とともに使われていました。戦後は、子どもたちにもっと良質な絵本を！ということで、アメリカから絵本を輸入して翻訳し、出版したりしました。当時はまだカラー印刷の技術もさほど優れていませんでしたが、子どもたちのために、という思いで頑張ってきたからこそいまのように当たり前に身近に絵本がある状況ができたのでしょう。

最近、活字離れが進んでいるといわれていますが、小さいうちから絵本を読んであげる、声に出して読んでみる練習をするなど、絵本と子どもをつないであげてください。すてきな文化が末永く受け継がれますように。

注

（1）林明子の作品には、筒井頼子作『とんことり』（〔こどものとも傑作集〕、福音館書店、一九八九年）、瀬田貞二作『きょうはなんのひ？』（〔日本傑作絵本シリーズ〕、福音館書店、一九七九年）、林明子作『こんとあき』（〔日本傑作絵本シリーズ〕、福音館書店、一九八九年）、筒井頼子作『いもうとのにゅういん』（〔〈こどものとも〉傑作集〕、福音館書店、一九八七年）、末吉暁子作『もりのかくれんぼう』（偕成社、一九七八年）、松岡享子作『おふろだいすき』（〔日本傑作絵本シリーズ〕、福音館書店、一九八二年）などがある。

（2）シゲタサヤカの絵本には、『オニじゃないよおにぎりだよ』（えほんの杜、二〇一二年）、『りょうりをしてはいけないなべ』（〔講談社の創作絵本〕、講談社、二〇一〇年）、『キャベツがたべたいのです』（教育画劇、二〇一一年）などがある。

（山下智子）

## 6 現役保育士に聞いてみました――保育の〝やりがい〟とは？

ここで、実際に現場で働く保育士たちに保育の〝やりがい〟を感じるのはどんなときなのかを聞いてみました。

## ▼▼▼公立保育所勤務・女性（五年目）

ありがちですが、子どもの成長を感じたときです。五歳児クラスで跳び箱の練習をして、運動会で披露したのですが、練習段階のときはお尻が上がらず跳ぶことができなくて悔し泣きをする男の子がいました。途中でくじけそうになったこともありましたが、友達の応援もあり、最後には五段の跳び箱を跳べるまでになりました。本番で披露して成功したときのその男の子の顔は晴れ晴れしくて、練習の経過を見守っていたお父さんお母さんもうれし泣きをしていましたし、担任の私も涙が止まりませんでした。こういうことがあると、保育士は辞められないな、もっと子どもたちのために頑張ろうと思えます。

## ▼▼▼知的障がい児施設勤務・男性（三年目）

自閉傾向がある、こだわりが強い男の子との関わりで新人保育士だった私は必死にその子との関係を築こうとしていました。いま考えれば、就職して間もない自分とすぐに信頼関係が結べるはずもないのですが、当時はそれがわからず、どうしてうまくいかないのかと思い悩んでいました。ところが数カ月たったころ、朝いつものように出勤すると、その子が私を見つけてすぐに近づいてきて手を引っ張り連れていこうとしました。ついていくと、いつもこだわりをもって触っているトイレの電気スイッチをつけたり消したりする様子を一緒にしてほしいとでも言うようなしぐさをし、私が離れようとすると「離れないで」のサインを送ってくるようになりました。これまで、そのようなことはなかったので、驚きとうれしさでいっぱいになりました。ハンディがある子の成長はゆっくりですが、ゆっくりだからこそ進歩があったときのうれしさは想像以上だと感じた出来事でした。

## ▼▼▼私立認可保育園勤務・女性(十五年目)

卒園式のときは、毎年感動です。自分が受け持ったクラスの子もそうでない子でも、〇歳児のころから一緒に保育園で過ごしてきたのでわが子を見送るようにうれしさと寂しさで胸が詰まる思いです。うちの保育園では卒園児の保護者が「思い出のアルバム」の歌の歌詞をオリジナルのものに変えて、それを子どもたちが私たちにプレゼントとして歌ってくれます。その歌詞の内容が、入園してからの楽しい思い出がつづられたものなので私たち保育士は号泣してしまうほど感動します。その保育士たちの姿を見て子どもたちも保護者も涙を流してしまいますが、保育園で過ごした数年間は、子どもたち、保護者、保育士たちで頑張ってきたからこその感動だと思います。もちろん楽しいこと、うれしいことばかりではありませんが、こういう経験をすればするほど、いい仕事だと思います。

## ▼▼▼私立民間保育園勤務・女性(一年目)

保育士の仕事は、子どもがかわいいとか好きだとかいうことだけではできない仕事だと思います。私は乳児クラス(〇歳児)の担任なのですが、八人の子どもを三人の保育士で見ています。私は子育ての経験もないですし、ミルクの作り方も先生から習わなくてはいけませんでした。四月当初は八人の赤ちゃんが、生まれてはじめてお父さんお母さんと離れるわけなので不安だったと思います。いっせいに八人に泣かれたときは、三人の保育士でおんぶに抱っこを延々と繰り返し、その間に昼ご飯を食べさせたり、昼寝をさせたりなど本当に毎日が大変でした。家に帰っても、子どもの泣き声が耳から離れなかったほどです。でも五月になりゴールデンウィーク明けには子どもたちも落ち着いてきて、ニコニコ笑いながら保育士と遊んだり散歩に行ったりできるようになりました。最初は、子どもだけでなく自分が泣きたくなるほど大変でしたが、不安でいっぱいの子どもたちを受け入れられるくらいの余裕が自分になかったのがいけなかったのかな、と思います。いまでもいろいろな失敗や反省がありますが、先輩の先生たちにいろいろ教えてもらいながら毎日かわいい子どもたちと一緒に過ごしています。乳児の間の一年というのは、本当にあっと言う間に大きくなります。その成長を見るのも楽しみです。私も子どもと一緒に成長していきたいと思います。

### ▼▼▼私立保育園勤務・男性（九年目）

自分は最初、保育園で働こうと思っていませんでした。それは、学生時代に経験をした初めての実習があまりにも大変だと感じたからです。その実習を終えたあとは、自分は保育士は向いていないのではないかと悩みました。ところが卒業間際に終えた保育実習で尊敬できる園長や先生方のすばらしい保育を見て、「自分もこの保育園で働きたい！」と思うようになったのです。何事も子どもの目線に立って考え、大人の都合で子どもを動かしたりしないそこの保育園の保育をとても魅力的に思い、就職の意思があることを積極的にアピールしたのですが、退職をする先生がいなくて採用はありませんと言われました。それでもどうしても諦めきれず、契約職員やパート職員でもかまわないので四月から来たいと熱心に園長に話をして、なんとかパートで採用してもらい翌年は正規の職員として保育士として働くことになりました。尊敬できる園長やほかの先生たちと一緒に、保育の難しさ、奥深さ、楽しさややりがいを教えてもらいました。子どもと関わることができる喜びがいちばんですが、環境に恵まれて、本当に毎日やりがいを感じながら働いています。

## ▼▼▼私立保育園勤務・女性（五年目）

行事の前の忙しい時期などは、子どもの話にもちゃんと向き合ってあげられなくて、つい口調も強くなってしまうことがありました。ある年の運動会の前に、どうしても同じダンスの振りができないA君につい「どうしてできないの?」と言ってしまい、言ってしまったあとに〝しまった〟と思ったけれど遅く、A君は泣いてしまいました。

練習のあとにその子を職員室に呼んで、「さっきは先生、言いすぎてごめんね。みんなでいい運動会にしたいと思ったから、強い言い方になってしまったけど」と謝りました。すると、A君は「みんなの前で怒られて恥ずかしかった」と言ったのです。そのとき、大失敗をしたなとすごく落ち込みました。

そのあとの練習時も、やはりその子はうまくはできずに、間違うこともしばしばでしたが、間違えようと思って間違えたわけではないのだからと、自分で自分に言い聞かせました。そして運動会の当日なのですが、ダンスの前に、A君が「先生、うまくできなかったらごめんね」と言うのです。慌てて「大丈夫。A君、頑張って練習したの知ってるから」と返事をしました。

結局、全体的にはいい出来の運動会になりました。A君も含め、クラスのみんなが「運動会、楽しかった！」と喜んでいました。

練習の途中で子どもを傷つけてしまうという大失敗をしてしまいましたが、自分の未熟さを忘れずにまた頑張ろうと思いました。何年やっても完璧にはならず、奥が深い仕事です。

## ▼▼▼私立保育園勤務・男性（八年目）

勤務している保育園に実習生が来るのですが、実習生はやはり若いし、元気もあるのでとても人気があるのです。十代の若い男子学生なんか、体を使って子どもと思い切り遊ぶのでいつもたくさんの子どもたちに囲まれていてすごいのです。大人げないですが、実習生にやきもちを焼くこともあります。

ところが、ちょっと困ったことやトラブルがあったときなどは、実習生が「どうしたの？」と聞いても、子どもたちが「せんせーーーーい！」と自分のところに走ってくるんですよ。心のなかで小さくガッツポーズをします！　大人げないですが、こういうとき、やっぱりこの子たちの担任でよかったなあーと思います。

### ▼▼▼私立保育園勤務・女性（七年目）

年長クラスを何度か受け持ち、そのたびに卒園式で涙を流しました。そのときは本当に寂しいと思って泣いてしまうのですが、小学校に上がった子どもたちがときどき保育園に遊びに来てくれるのです。「せんせー！　遊びに来たー！」って言ってにこにこ笑顔でクラスをのぞきに来ると本当にうれしくなります。大きくなったね！って。そして、なかにはときどき「先生、私も大きくなったら保育園の先生になるからね。◯◯保育園の先生にしてね」と言うのです。

元担任としては、こんなうれしいことはないと思います。私もその子たちが大きくなって夢をかなえるまで頑張って働かなくちゃと思います。

（山下智子）

## 7　保育現場のエピソード

### ▼▼▼保育士篇

四歳児のクラスを受け持っていた年のことです。給食の配膳をしようと子どもと一緒に給食室からワゴンを運んでいました。その日の給食のデザートは、牛乳かんが入ったフルーツポンチでした。

悲劇はそのときに……！　フルーツポンチが入ったワゴンを運びながら、「きょうはフルーツポンチがあるね」と子どもたちと話をしていました。すると一人の男の子が「見たい！」と言ってワゴンの前方に足を掛けて乗り上がったのです……。結果は、想像どおりです。ワゴンがひっくり返り、フルーツポンチが入ったボウルが滑り落ち、なかの牛乳かん、缶詰のミカンやリクランボ、甘い香りがするおいしそうなシロップなどが一気に渡り廊下に流れていきました。そのときはもう慌ててしまって大騒ぎでしたが……。笑ってはいけないかもしれないけれど、思い出しては笑ってしまう出来事です。子どもたちのフルーツポンチは、各クラスから少しずつ分けていただきました。

また三歳児クラス担任時、Mちゃん（女の子）の下に双子の赤ちゃんが生まれました。Mちゃんの弟ができたということです。母親が妊娠中、おなかが大きくてMちゃんを抱っこするのが大変だったころ、Mちゃんも寂しかったと思うのですが、弟たちが生まれた途端にすっかりお姉ちゃんになって、母親の手伝いをたくさんしています。朝、保育園に来てもすぐに自分で靴や帽子をちゃんと片づけますし、お迎えのときには言われなくてもさっさと靴を履いて待っています。見ていてほほ笑ましかったです。ちなみに、人形で遊んでいるとき、赤ちゃん役の人形は必ずいつも二体でした。双子の弟たちなんでしょう。

## ▼▼▼子ども篇

子どもは、保育士の変化に敏感です。なぜなら、子どもは〝先生〟が大好きだからです。

ある日（卒園式の日）、先生たちはいつものエプロン姿ではなく、式服を着て化粧もいつもよりシッカリしていたのですが、式のあとに三歳児の子どもが先生を見て「先生、目の周りが黒いね。そして、お口は赤いね」と言いました。

どういうことかというと、卒園式なので先生たちは感激して泣くわけです。そうすると、お化粧がとれてしまって、特に目の周りは大変なことになります。そして、口。いつもとは違う口紅の色だったのでしょう。子どもにとっては〝紅く（赤く）〟見えたのでしょうね。卒園式という日が、子どもたちにとっては先生が〝変身〟する日だったようです。


天気がいい、空が晴れ渡ったある日の散歩の途中のことです。遠い向こうに富士山が見えたので先生は「みんな、見てごらん。富士山が見えるよ」と言いました。

先生にはよく見えた富士山だったのでしょうが、子どもたちにはちょっとわかりづらかったのかもしれません。どこを見ていいのやらわからず、あたりをキョロキョロするばかりだったので、先生はもう一度「ほら、富士山だよ。早く見ないと隠れちゃうよ」と言いました。雲で山頂が隠れそうになっていたからです。そうすると、ある女の子が聞きました。

「先生、フジさん、どこ？　フジさんはどこにいるの？」

先生は「富士山は……ああ、もう雲に隠れちゃったね」と返事をしましたが、その子は「フジさん？　どこ？　フジさん？」

……勘がいい人はお気づきでしょう。子どもは、富士山というのは〝フジさん〟という人だと思ったようです。そして、「フジさん？　知らない人だなぁ……」と思いながらも、「どこにいるの？」という気持ちでたずねたのでしょう。ほんとに、かわいいエピソードです。

最後に、私が保育園で出合ったエピソードのなかで、笑ったり青ざめたりしたものを一つ紹介します。

四歳児のクラスで数人の子どもたちがおままごとを始めました。私は連絡帳を確認しながら子どもたちの会話をなんとなく聞いていたのですが、まず、じゃんけんで役割が決まりました。

そのときの会話、

A「勝った人から、好きな人になるんだからね。私は……赤ちゃん！」（私：ふむふむ）

B「じゃー、私は……ペット」（私：なるほど、なるほど）

C「えー、それじゃー、私はお父さんかお母さん？　えー」（私：そんなにいやがらなくても）

D「いいじゃん、仕方ないじゃん。私、お母さんするから、Cちゃん、お父さんで決まり」（私：仕方ないじゃん？）

実は子どもたちは〝かわいがられ役〟を好みます。特にいつも頑張っているお姉ちゃんほど、赤ちゃん役をやりたがります。ペット役も同じ理由です。ワンワン、と吠えては、よしよし、とされて癒されています。これがおままごとの醍醐味でもあるのです。

さて、実際に始まったおままごとの内容です。

D「あらあら、赤ちゃん、こんなにこぼしちゃだめでしょ？　もう！」（お母さんの口まねでしょう）

A「バブバブ」

C「おいおい、そんなに怒らなくてもいいじゃないか」

D「じゃあ、お父さん、赤ちゃんのお世話をしてくださいよ」
C「わかったよ」
B「ワンワン」
D「さて、お買い物に行ってくるわね。最近はお野菜が高いのよねー。お父さん、ゲームばっかりしてないで、お手伝いしてください」
B「ワンワン」
A「バブバブ」
D「今度、ボーナスが出たら冷蔵庫買いたいのよね。でもどうしようかしら」
D「そうそう、○○ちゃんのおうち、新しい車になったわね」
B「ワンワン」
A「バブバブ」
D「はいはい、おなかすいたの？」
C「会社に行ってきまーす」
D「夕ご飯はどうするの？　早く帰ってきてくださいね」
A「赤ちゃん、散らかしてはだめでしょ」
……まだまだ続きます。でも、わかりますか？
お母さんが延々としゃべります。そして、その内容は各家庭のリアルな話が伝わってくるようなものもけっこうあります。お父さんはどうやらゲームばかりしているみたいです。しかも、ほとんど話をしません。「行ってきます」と言って出かけ、「ただいま」と言って戻ってきて、黙っています。リアルです。さらに、「ワンワン」「バブバブ」もいい具合に合いの手を入れています。

子どもたちは驚くほどになんでもしゃべります。そして、本当は言ってはいけないとわかっていることでも、このようにままごとの役に乗せて〝話し〟ます。

お父さん、お母さんもびっくりでしょうが、保育園の話も同じように家庭に伝わっている可能性がありますので、気をつけましょう。

（山下智子）

# 第5章
# 保育士のあれこれ

# 1　保育所だけではない！　保育所以外で活躍する保育士たち

保育士資格をもって保育所で働くのはもっともポピュラーですが、実は保育士資格で就ける仕事はいろいろあります。就職先は保育所だけにとどまらず、意外と資格取得のメリットが大きいのです。保育所以外の職場として、次のようなものが挙げられます。

①児童養護施設

保護者がいない児童や虐待を受けている子どもたちの入所施設。主に幼児から高校卒業時までの児童が入所しています。

②乳児院

児童養護施設同様、保護者がいない、もしくは虐待を受けている乳児の入所施設。名前どおり主に乳児が入所しています。

③知的障がい児施設

知的な障がいのため入所、もしくは通所で訓練が必要な児童だったり、その障がいのため保護者が保育をするのが難しい児童のための施設。入所施設と通所施設があります。

④肢体不自由児施設

四肢や体幹が障がいのため、うまく機能しない児童の施設。入所施設と通所施設があります。

⑤重症心身障がい児施設

重度の知的障がいと、重度の肢体不自由の両方がある児童の施設です。このような児童は主に入所して治療や訓練を受けます。

⑥児童館

いわゆる学童クラブや放課後クラブといわれるもので、小学校の授業終了後に子どもたちが夕方までの時間を過ごす場所です。午前中には、地域に住む親子が集って母親同士がコミュニケーションをとったり、児童館の職員から子育てのアドバイスを受けたり悩みを相談する場所にもなります。

⑦母子生活支援施設

なんらかの事情で母親と子どもだけで生活することになった親子の自立支援の施設。日中、母親が働いている間は施設の職員が子どもたちの世話をしたりします。また小学校から帰ってきた子どもたちも、施設の職員に宿題を見てもらったり遊んだりもします。配偶者からのDV（ドメスティックバイオレンス）から逃れるためのシェルターの役目もあります。

⑧盲ろうあ児施設

強度の弱視を含む盲児や、強度の難聴を含むろうあ児の生活の自立を助けたり指導をする施設です。最近は医学の発達もあって、利用者は減少の傾向にあります。

⑨児童自立支援施設

発達上の問題も含め、なんらかの原因で社会的に不良な行為をおこなったり、もしくはその恐れがある児童を入所させて自立を支援する施設です。入所理由として発達上の問題のほかに、劣悪な家庭環境のために正常な生活指導を受けてこられなかった児童の支援や指導もします。

以上、普段聞き慣れない職場の名前を挙げましたが、職場ではなく職種と考えると、もっと幅は広がります。例えば、保育士資格をもって、ベビーシッターをしたり、保育ママとして仕事をしたり、また、運動の得意な人は、体操教室に就職したりするチャンスもあります。少人数のところで働きたいという希望があれば、企業内に設置された託児室で働くという選択肢もあります。

また、子どもがかぜを引いたりしたときなどに、病児を預かる保育所も最近は増えていますので、そのような職場でも保育士の需要はあります。

資格をもっていろいろな職種にチャレンジできるのは、保育士資格の意外にも大きなメリットなのです。もっていて、決して無駄にならない資格の一つといわれるのも当然ではないでしょうか。

（山下智子）

## 2 保育士はピアノを弾けることが必要ですか?!

私は、保育士の養成施設で働いているのですが、入学希望の学生たちに、「ピアノが弾けないと保育士になれませんか?」という質問をよくされます。それに対して、私は「ピアノが弾けなくても保育士になれるけど、やっぱり子どもたちは音楽が好きだから、先生として保育所で働くのならピアノは弾けたほうがいいよね」と話しています。

実は、私が勤めている学校には男子学生がとても多く、彼らもピアノが苦手です。でも、将来子どもたちの前に立つ日のために、日々練習をしています。もちろん、簡単に弾けるようにはなりませんが、ピアノは練習量に比例してじょうずになっていくので、毎日少しずつでもピアノの前に座ることが必要だと思います。

……と、ここまで読んで、保育士の資格をとるのを諦めそうになった人はいませんか？　諦めるのはまだ早いです。先ほど「子どもたちは音楽が好き」と書きましたが、そうなんです、ピアノの音だけが好きなのではなく、子どもは楽器の音はなんでも興味をもちます。

ある学生は実習のときに、どうしてもピアノを弾くことができずに悩んだあげく、園長に「ピアノは苦手ですが、ギターが得意なのでギターの伴奏でいいですか？」とお願いし、了解してもらいました。子どもたちはあまり聴くことがないギターの音色に大喜びで、もっと弾いてほしいとお願いされるほどだったそうです。またある学生は、ピアノの伴奏中にわからなくなり曲が止まってしまいそうになったので、思い切って立ち上がり、そばにあったタンバリンを持って歌いながら、その場を乗り切ったということもありました。タンバリンの音に切り替わったときは驚いたかもしれませんが、子どもたちは一緒に歌ってくれて、楽しいタンバリンの音も加われば、同じ歌でも違う魅力が出ていたのではないでしょうか。先生たちも子どもたちも大笑いしていたそうです。

この話を聞いて、うれしくて楽しくて私も笑ってしまいました。そして学生たちに「諦めないで音楽の楽しさを伝えられたからよかったんじゃない？」と言いました。

保育園の先生は、確かにピアノを弾けたほうがいいですし、園によっては「ピアノが弾けないとね……」と言う園長がいるのも事実です。でも、ピアノを弾けない人でも音楽が好きであれば、音楽の魅力をどのように子どもたちに伝えればいいか、それを考えられる人であれば大丈夫だと思います。音楽の魅力を表現する力、これがいちばん大事だと思います。

（山下智子）

## 3　一つ上の保育士をめざそう1——その道のプロになる！

保育士の資格を得て、いよいよ保育士として働くことになったとしましょう。乳児との関わり、幼児との関わり、保護者との関わりなど毎日が新しい経験ばかりであっと言う間に時間がたっていくかと思います。しかし、経験を積むなかで楽しさと同時に迷いも出てくるのではないでしょうか。「もっと、子どもたちに何かしてあげられることがあるのではないか？」。こう考えるようになったら、あなたはもう保育初心者ではありません。では、〝何を〟〝どのように〟子どもたちに提供してあげることができるでしょうか？　自分に何ができるでしょうか？

私の場合、現役の保育士として働いていたころに、言葉でコミュニケーションをとることがまだできない〇歳児の赤ちゃんともっと効果的に関わることができないかを深く考えたことがあります。赤ちゃんに話しかけるときは、ただ言葉を発するだけでなくいろいろなことに注意を払いながら話しかけます。表情はもちろんのこと、語尾の上げ下げ、声の音程の高低の操作など考えだすときりがありません。

みなさんも、〝子どもたちのために何ができるか？〟を常に考えながら保育をしていると、もっと何かしてあげたい！　もっと自分にできることはないかしら？と思うようになるでしょう。そのようなときには、いちばんの近道は「自分の強みは何か？」と考えながらステップアップを目指すのが効果的だと思います。

## ▼例えば、「手遊びのプロ」

手遊びをたくさん覚えるのはもちろんのこと、同じ手遊び歌でも、手や指の動きが違うバージョン、歌詞が違うバージョンを考えてみるのはどうでしょう。子どもたちはいつもと違う手遊びに興味津々のはずです。

季節に合った手遊び、行事に合った手遊びなど勉強して〝手遊びならこの先生！〟と言ってもらえるようになるとすてきだと思います。伝承遊びとしてのわらべ歌を教えてあげることができる先生も最近は減っていますので、わらべ歌を極めるのも意義があります。

## ▼例えば、「保育教材作りのプロ」

手遊びや指遊びにも関係しますが、保育に関わる教材を作るプロも重宝されます。例えば、軍手人形をレパートリーごとに作ってそろえたり、不織布にキャラクターを描いて切り取りネル地のパネル上で動かして演じる〝パネルシアター〟のプロもすばらしいでしょう。発表会のときの衣装作りのプロもありがたいですし、季節ごとに保育室の壁に作り替えられる壁面装飾のプロは、同僚にもうらやましがられること間違いなしです。

### ▼▼▼例えば、「音楽表現のプロ」

幼稚園の先生では絶対条件であるピアノがとてもじょうずに弾けたら……？　保育園でもそれはそれは重宝されます。入園式や卒園式では自分のクラスだけでなく、園のすべての子どもたちの前で得意なピアノを披露することができます。子どもたちにたくさんの歌やリズムを伝えられ、保護者からも一目置かれることでしょう。朝から元気な歌声がいつも自分のクラスから響けば、自分自身のテンションも上がります。

またピアノだけでなく、リズムダンスやリトミックなども幼児には人気があります。ピアノが苦手な男性保育士でも、ＣＤなどを使ったリズムダンスを習得すれば、〇〇先生＝リズム体操という図式ができて、子どもたちにとっても保育園にとっても欠かせない存在になるでしょう。

### ▼▼▼例えば、「体操・体育指導のプロ」

心身ともに健康な子どもたちを育てるには適度な運動が必要であることはどの先生も知っているのですが、実際に保育園の先生が子どもたちに体操や体育を指導するというのは珍しいのではないかと思います。

例えば、縄跳びの前跳びや後ろ跳び、または鉄棒の前回りや逆上がり、さらにはマット運動の前転や後転、跳び箱なども、保育士が指導しようと思えばできないことはありません。もちろん基本的な知識や技術を学ばなくてはなりませんが、そんな体操指導が得意な先生は大人気です。特に男性保育士は、体を使ったアクロバティックな動きとともに、楽しみながら体操指導ができるようになるとすてきです。

## ▼▼▼例えば、「絵本・紙芝居のプロ」

幼児教育には欠かせない、絵本や紙芝居の読み聞かせは、意外と得意な人が少ないものです。絵本も紙芝居も、ただ読めばいいというものではありません。例えば、絵本は読み終わったあと、子どもたちにすぐに感想を求めたりせず、話の余韻を楽しんでもらう保育士の導きのテクニックが必要です。読んでいる途中も、子どもの想像をあまりひとくくりにしないように落ち着いて読むことが肝心です。

しかし、紙芝居は〝芝居〟というからには、思い切って演じる部分も必要です。子どもたちも芝居を観るようにぐいぐい引き込まれることでしょう。

これらのテクニックを極めて自分のものにできれば、保育士としての大きな財産になること請け合いです。

## ▼▼▼例えば、「発達上に問題を抱えている子どものサポートのプロ」

子どもはみんな同じように育つのではなくて、少しサポートが必要な子どももいます。でも、そのサポートの方法は子どもによっても違うので、保育士の力量が問われるところです。発達に問題があるといわれる子どもたちのサポートはとても重要で、小学校に入学するまでの道筋を立ててあげなくてはなりません。

保育の技術だけではなく、心理学もかかわってきますし、子どものサポートだけではなく保護者への支援も必要になります。真のスペシャリストになるには時間がかかりますが、とても必要とされる〝プロ〟です。

以上のように〝ただの保育士じゃない!〟と考えながら自分の保育技術を日々磨くことが、人生に輝きを与えますし、何よりも子どもたちから厚い信頼を寄せられることでしょう。

そして、自分自身の向上につながることはもちろん、園には欠かせない存在になり、頑張り次第では大きな役職に就くことも可能かもしれません。

（山下智子）

## 4 一つ上の保育士をめざそう2——オリジナリティーをもつ!

保育士という職業は、立派で意味のあるものです。そして、子どもたちに「先生!」と呼ばれるたびにうれしさを感じるでしょう。また、自分の特技を生かすこともできます。

例えば、学生時代に運動が大好きだった人は、保育士として子どもにサッカーを教えたり、体操を教えたり。鉄棒や跳び箱を教える〝スペシャルな〟先生なんてとてもすてきです。また、音楽が大好きでギターを弾きながら子どもたちと歌を歌ったり、リズムダンスを楽しんだりできる先生も人気が出るでしょう。最近、小学校の授業でダンスを取り入れることになったそうですから、体を思い切り動かして身体表現ができる先生はその特技を子どもたちにも教えてあげてください。

絵本が大好きで、読むのも大好きなら、今度はその楽しさを子どもたちにも伝えてあげてください。どうすれば、子どもたちが絵本を好きになってくれるのか……、それには、大人が子どもにたくさん本を読んであげることがいちばんの近道です。すてきな絵本をたくさん知っている先生は、子どもたちに大人気なのです。絵本と同様、紙芝居も子どもたちは大好きですから、たくさんの作品にふれて読み方を研究し、読み聞かせのスペシャリストをめざしてみましょう。絵本も紙芝居も奥が深いですから、子どもたちのために……と思いながら勉強していると、きっとその魅力にとりつかれることになるでしょう。

わらべ歌をたくさん知っている、あやとりがじょうず、折り紙が大好き、歌が好き、手遊びが好き……。そんな〝自分の好き〟を子どもに伝えてあげられる先生はすてきです。

まだまだあります。虫の名前をたくさん知っている、植物の育て方を深く知っている、キャンプで火をおこせる、魚釣りがうまい、背が高い、笑顔がすてき……自分の強みを知ってオリジナリティーをもつスペシャルな保育士はきっと子どもたちだけでなく、同僚や保護者からも好かれる存在になるでしょう。

## ▼▼▼園長になろう！

保育士資格を取得して働くという夢はあるものの、経済的に安定しているのか？というのは誰しも気になることだと思います。保育士の給料は、関東の認可保育園では基本給十七万円ぐらいから始まるところが多いようです。ただ問題なのは、このあとの昇給です。一年にどれくらい上がるのかは園によってまちまちですが、四十歳で年収三百五十万から四百万円くらいだという話を聞きます。ただし、これは一般の保育士の給料として考えてください。

もし、一定の年齢までに主任などの役職・肩書があればもう少し違ってきます。そして、園長ならもっと年収アップが見込まれます。園長……そんなに簡単になれるものなのでしょうか。もちろん、簡単なことではありません。でも、ちょっとしたカラクリもあるのです。

例えば、一般的な昔からある社会福祉法人などの保育園であれば主任までは役職に就けるのですが、正直、園長となると簡単にはいきません。実際に園長に就任するのは、それまでの園長の息子や娘であることが多いからです。いわゆる世襲制です。

ところが、最近企業が数々の保育所を立ち上げて保育支援に乗り出してきました。その数は想像を上回ります。認可保育所も認可外保育所もたくさんあり、さらに増え続けています。そのような企業が立ち上げた保育所では、ある一定の期間、保育士としての経験を積んで信頼を置くに値する人であれば園長になれる可能性が大きいことはあまり知られていません。特別資格がいるわけではありません。保育士資格と培ってきた経験があり、そして保護者や同僚と上質のコミュニケーションがとれて、自分と関わる様々な人たちと信頼関係を築くことができれば、「園長」への道が開かれることもきっとあるはずです。

## ▼▼▼公務員試験を受けて、公務員になる！

生活を経済的に安定させるためにはどうしたらいいのか。

園長になる以外に、こんな方法はどうでしょうか？

それは、公務員試験を受けて各自治体の職員になり、公立の保育所などに配属されるという進路です。保育所には公立と私立があり、簡単に言うと、その保育所の設置や運営が自治体なのが〝公立〟、民間なのが〝私立〟です。

公立の保育所の職員（保育士）になれば収入も待遇も安定します。ただし、配属先の保育所を自分で決めることはできませんし、保育士という採用枠での採用ですので配属先は保育所だけでなく、自治体にある公立の障がい児の施設の可能性もあることは知っておいてください。

各自治体では年に一度、保育士採用試験をおこなっているのでウェブサイトで確認したり直接問い合わせてみるといいでしょう。

また、公務員試験対策としての予備校もあります（「ごうかく塾」［http://www.quick-edu.co.jp/goukaku.html］）。私の教え子たちで公務員試験に合格した学生の多くはこの塾に通っていました。

しかし、やはり最後は自分の努力です。

（山下智子）

## 5　保育士に役立つもう一つの資格

先述しましたが、保育士資格をもっているだけでも、保育所や児童養護施設、障がい児施設、児童館などいろいろな施設での勤務が可能です。それにプラスして、取得しておくといいと思う資格をいくつか紹介します。

例えば、セットで取得する人がいちばん多いのが幼稚園教諭二種免許です。これは専門学校、短期大学や大学で取得できます。最近は時間を有効に使える通信教育も人気です。また、学校によっては小学校の教諭免許もとれます。

ではなぜ、幼稚園教諭免許や小学校教諭免許ももつことが役立つのかというと、乳児期から幼児期の子どもをよりしっかり学び、乳幼児の成長や教育に対する理解を深め、昨今注目されている幼保一体化に対応できるからです。求人票にも「幼稚園教諭免許をもっていればなお可」と明記している施設が数多くあります。また、時代の要請もあり「認定子ども園」という、幼稚園の教育の部分と保育所の養護の部分を兼ね備えた園も増えてきたことから、幼稚園教諭二種免許と保育士資格をもっているというのは便利で重宝されると思います。

次に、保育士資格とセットで希望が多い資格が社会福祉士です。社会福祉士資格も保育士資格同様、国家資格です。寝たきりの老人、知的障がい者や精神障がい者、虐待を受けている子どもたちや子育てに悩みを抱える家族、また所得がない人など、通常の生活を送ることに難があって苦しんでいる人たちに対して、社会福祉の専門的な知識をもったうえで相談に乗ったり、どのような解決方法があるのかを考え、その人の心に寄り添いながら支援していく専門職です。ただ、社会福祉士の資格だけで生活することは難しいようです。資格の名前であって職種ではないので、保育士資格と一緒にもっておくと、障がい者施設も運営している社会福祉法人の保育所などへの就職に有利かもしれません。

最後になりますが、幼稚園教諭、社会福祉士、と続いた〝もう一つの資格〟で、私が個人的に〝あったら便利かな〟と思うのが看護師の資格です。私自身が子どもについて学ぶなかで、子どもの病気や体調管理などについてもっと詳しくなりたいと思ったことがたびたびありました。小児保健という科目のなかで、ある程度の知識を学ぶことはできるのですが、保育中、突然の子どもの発熱やひきつけ、ケガなどに直面するとやはり緊張します。もちろん、経験によって適切な対応はある程度できるようになるのですが、保育所に常駐している看護師に対しては尊敬の気持ちでいっぱいでした。また、なんと言っても最近の〝病児保育〟〝病後児保育〟のニーズの高まりが、看護師資格取得の必要性に拍車をかけています。簡単にとれる資格ではないからこそ、ニーズは高く、すでに保育士資格をもって働いている人のキャリアアップになることは間違いないでしょう。

（山下智子）

## 6　私が保育士になった理由

私自身、保育士資格を取得して保育士として子どもと関わる仕事をなぜ選んだのかという話をします。

高校生だったころに、児童養護施設にボランティアに行っていた時期がありました。その施設で私が接した子どものなかに、「人と関わることが苦手」という障がいのある男の子がいました。H君としましょう。

私はその色白の、いつも一人でつぶやいているH君が気になって仕方ありませんでした。当時H君は小学校の一年生でした。H君は、自分の両親ともうまく関わることができないのが原因で、両親から虐待を受けていました。ある日そのことが周囲に発覚したため、H君は両親から離されて施設で暮らすことになったのです。ただ、そのときはH君の両親がH君の障がいを認めることができずに、健常児としてしか養護を受けられなかったので、児童養護施設に入所して、スタッフのサポートを受けながら暮らしていました。H君は、ほかのボランティアスタッフに対してとは違い、私だけには、近寄ってきては石ころをくれたり、黙って手を引っ張って行きたいところに一緒に連れていってくれたりしていました。私は知識もテクニックも何ももっていませんでしたが、H君がいやがることはしないようにしようと思って、のんびりとそばにいるだけの時間を多く過ごしました。

ある日、そのH君がいなくなっていました。両親が引き取りに来たというのです。私は寂しかったし、H君がまたつらいめにあうのではないかと心配しましたが、保護者の決めたことなので子どもだった私にはどうすることもできません。このことをきっかけに、自分は将来子どもと関わる仕事に就いて、何かしら役に立つことをしたいと思うようになりました。

## ▼▼▼卒業生Aさんの話

小さいころから近所の子どもたちになぜか慕われていて、いつも自宅に遊びに来るその子たちと一緒に遊んでいました。

男の子も女の子もたくさんの子どもたちが慕ってくれていたし、自分よりも小さい子どもたちと関わることが楽しくて仕方なかったので、保育士になろう！と決めました。

## ▼▼▼卒業生Y君の話

自分が通っていた保育所の先生が優しくて、きれいで本当に大好きでした。いつも保育所に行くと、にこにこの最高の笑顔で「おはよう！」と言ってくれるのが本当にうれしかったんです。僕は、友達といつもケンカをしていたけれど、先生はなんでケンカになったのかをしっかり聞いてくれました。

僕も、そんなふうに子どもの気持ちを少しでもわかってあげられる先生になりたいと思って保育士をめざそうと思いました。

## ▼▼▼卒業生T君の話

自分には父親がいなくて、自分たち兄弟を育てるために母親が必死に働いて育ててくれました。

兄弟のなかではいちばん年上で早く自立をしなくてはいけないと思って、就職率もいいし毎月安定した給料をもらえる仕事を探し、保育士という仕事を見つけました。給料は高くはないけれど、社会の景気に左右されにくく、毎月きちんと給料が振り込まれるのは自分にとって安心します。

あと、自分たち兄弟みたいに寂しい子どもを安心させたり、一生懸命頑張っている保護者を助けることにもなっているのかなと思うと、やりがいがある仕事だなと思います。

## ▼▼▼卒業生Mさんの話

昔から、絵を描いたり折り紙をしたりすることが得意だったし、外で友達と遊ぶのも好きだったし、とにかく人と関わる仕事に就きたいなと思っていました。

最初介護の仕事も考えたのですが、高校生のときに〝人の死〟と向き合うのはまだ怖いなと思い、それなら子どもと関わる仕事に就いて、元気で明るい子どもたちと毎日過ごそう！と思って保育士になることを決めました。

いまは介護の仕事の重要さもわかりますが、保育士の仕事は毎日が楽しくて子どもたちに

〝先生！〟と呼ばれるうれしさや成長を見ることができるこの仕事を選んで間違いはなかったかなと思います。

……さて、みなさんは、どう思いますか？

（山下智子）

## 7 保育士を続けるということ

少し前から、保育士不足が問題になっていることを知っていますか？

保育士資格をとりたいと思っている人はとても多いですし、また現に資格を取得した人もたくさんいますが、ベテランの保育士の数がなかなか増えないのが現状です。

私自身、結婚するまで保育士として働いていましたが、出産を機に退職しました。けれども、保育士という仕事は大好きだったので子育てが落ち着いたら再開したいと思っていました。ところがいざ復帰してみると、〝自分の子どもを預けて、よそのお子さんの面倒をみる〟ということに、どうしても違和感を覚えてしまいました。これは本当にどうしようもないことなのです。それぞれの価値観ですので、私はそう思ってしまっただけの話です。それに追い打ちをかけたのが、保育士としての収入が、子どもたちを保育所に預けたときの保育料と相殺されてしまうということでした。

保育士の仕事は〝子どもの命を預かる仕事〟です。しかし、給料を見ると、専門職としては高いほうではありません。そのため、無理して子どもを預けてまで保育士を続ける気持ちになれなかったので、私の場合は、別の仕事（保育士養成校講師）を探しました。

前述しましたが、保育士の給料は十年ほど前までは本当に低かったのです（現在は当時より全般的に三万円ほど基本給も上がり、これからも少しずつ上がることが予測されています）。男性なら保育士資格を取得して仕事を続けるという気持ちは、家族をもつと決めた時点で揺らいでしまうのが現状です。保育士の仕事は多岐にわたり、オールマイティーであることが求められるのに、それに対しての賃金の低さは早急に改善されるべきです。改善されないと、保育士を続けたくても続けられません。

職場の環境は大切です。賃金面のほかにも、職員間のコミュニケーションについてのトラブルもあります。園長を筆頭に少しでも職員間のトラブルをなくす努力がされていると思いますが、ときどきそこの調整がうまくいかない場合があります。まだまだ女性が多い職場なので、感情のすれ違いや意見の食い違いなどはあるでしょうし、それに賃金の低さが加わると、保育士ならずともそこから離れたくなります。

国は待機児童解消のために保育所の増設を急いでいますが、保育士の賃金アップや働きやすい環境づくり、研修にもっと予算をつぎ込まなければ、保育士の離職を食い止めることは難しく、真の待機児童解消にはつながらないのではないでしょうか。

保育士資格をもっている人は累計で二百万人近いといわれています。保育士不足を解消するには、これらの人たちをうまく復職させることも大事なのではないでしょうか。それは、今後資格を取得するみなさんが末永く仕事を続けられる条件にもつながると思います。

（山下智子）

# 第6章
# 男性保育士関連

# 1 男性保育士インタビュー

Q1 男性保育士の一日を教えてください。

まず私が勤務する保育園の一日の大まかな流れですが、クラス担任の場合、朝、子どもたちの受け入れから始まり、活動や制作、昼ご飯、昼寝、おやつを食べ、お迎えの時間までを子どもたちと一緒に過ごすのが基本的な内容です。

一日の勤務は九時間勤務（一時間休憩）になっていて、基本は八時二十分くらいから十七時二十分くらいまでが勤務時間の目安です。そのほかに早番や遅番といった勤務が基本の勤務時間の前後にあり、ローテーションになって回ってきます。

男性保育士の一日の流れは、その人の保育園内での役割によって変わってきます。保育園ではクラスの担任になるほかにも、フリーの先生という位置づけでクラスをもたない場合もあります。私の場合は担任も経験しましたが、数年前からフリーの先生として保育園に勤務しています。フリーの場合の一日の流れですが、クラスを受け持っていないので、遅番の先生のクラスで子どもたちの保育が手薄になるときに保育の補助として入ったりしています。

また私の保育園では、特色があり、体育担当や太鼓担当などといった役割をもらっています。体育担当になっている場合ですと、年少から年長までに体育の指導をおこないます。メインの先生は幼児体育を専門とする講師の先生が外部から来てくれるので、指導内容などは講師の先生にお任せして、その指導を講師の先生と一緒に子どもたちに教えたり、先生や子どもたちのサポートをおこなったりします。講師の先生は週一回来ることになっていて、指導内容は年齢別によって違い、それぞれ指導をおこなうため、体育指導の日はそれが一日の仕事のメインになっています。

また別の日では、用務員のような仕事もします。時間が空いているときに、子どもたちの環境面を整えるといった仕事です。例えば、扉の嚙み合わせが悪くなってしまったときや子どもたちが破ってしまった網戸の修理をしたりします。フリーで担当しているため時間が柔軟にとりやすいというこどもありますが、やはり男性ということで、そのような仕事が回ってきやすいように感じています。

ほかにも昼寝の当番に入って子どもを寝かしつけたり、帰りの会が終わり、保護者が迎えにくるまでの時間に運動遊びなどをして子どもたちと過ごしています。

Q2　男性保育士は保育園にどのくらいいますか？

現在、私は十五園前後の保育園を運営している社会福祉法人の保育園に勤務していますが、そこでは三百人近くの保育士が働いています。そのなかでは全部の園を合わせて十五人ほど男性保育士がいます。また、非常勤の保育士が数人ほどいて、一つの保育園に〇人から二人程度の割合で男性保育士が勤務しています。保育業界全体では男性保育士の割合は昔に比べると徐々に増えてきていますが、全体の三パーセントに満たない状態ですので、私が勤務する保育園では一般的な保育園に比べて男性の割合が多いということになります。

Q3　勤務する保育園で男性保育士が一人の場合ですと、周りが女性ばかりの職場になると思います。心細くなったりしないのでしょうか？

確かに男性一人で勤務していると男性同士だから話せることもあるので、先生によっては心細く感じるかもしれません。私の場合も現在の自分が勤務する園では男性一人ですが、もともとそういった環境に勤務するかもしれないということが頭にありましたし、勤続年数が長くなってくると環境に関してはずいぶんと慣れてきた部分があると思います。

また、私が勤務している園の場合、相撲大会など保育園同士が合同で開催するイベントなどがあります。そういったときに園の代表の先生を決めたりするのですが、体育的なイベントですと、男性の先生を代表にする風潮があるので、そういった担当には積極的に参加しています。園の代表になると、大会の打ち合わせなどでほかの園の先生と関わったりするので、同じように代表になった男性保育士の先生とつながりをもつことができ、互いの状況や悩みなどの情報を共有できる場になっています。

ほかにも研修があったり、各園の男性保育士同士がプライベートで定期的に集まったりと、男性一人で勤務している私の場合でもわりと身近に男性保育士がいるように感じています。
結局のところは男性保育士が園に一人で心細く感じるかは、人の性格だったり経験年数にもよりますので一概にこうとは言えませんが、一人では不安を感じる人は、もともと男性保育士がいる保育園を志望したほうが、保育園側も受け入れやすいですし環境なども整っていたりするのでおすすめです。

Q4　男性保育士の悩みとは？

男性保育士の間でよく出る悩みはいくつかあります。例えば、保育園での男性保育士が働く環境面についてです。
男性保育士は女性保育士よりは人数は少ないですし、男性の保育士が社会に認知されて広まってきたのも、ここ十数年とまだまだ日は浅いです。そのため男性が働ける環境が整備されていない場所で毎日働いている男性保育士もたくさんいます。そんななか、よく話に出たりするのはトイレや更衣室の問題です。保育園の設備によっては、トイレが男女兼用で、男子と女子に分かれていない保育園も多くあります。私自身もそういった設備の保育園に勤務したこともあり、特に女性の先生が使っているだろうトイレは使わないように気を使っていました。では、トイレはどうするの？と感じるかもしれませんが、私の場合は、入り口から鍵がかかる一個室だけのトイレがあったのでそこを使っていました。ほかにも保育園では子ども用のトイレに一つだけ大人用のトイレがあったりするのですが、子どもたちがいないときはほとんど誰も使わないので、そういったところを使っているといった話も聞いたことがあります。共通するのは、女性の先生が使っているかもしれないいくつか個室があるような職員のトイレは間違っても使っていませんでしたね（笑）。そういったトイレは自分たち男性保育士は使わないのが暗黙の了解のようになっています。

また、トイレの問題と似ていますが、更衣室なども女性の先生専用の設備しか整備されていないといった話もよくあります。基本的に保育園で勤務する先生は出勤したらまずは動きやすい服装に着替えます。ほかにも泥遊びやプール、絵の具などを使ったりすることで服が汚れることが多くあるので、更衣室は保育士にとって必要不可欠な設備です。

私なんかはどこで着替えてもいいと思っていますが、男性でもやはりちゃんと更衣室があればなと思う人もいるので、そういったことがストレスにつながる可能性もあるかもしれません。

以前私が勤めていた保育園で、勤務したてのころ、延長保育でたまに使う部屋を着替えの部屋に使ってくださいと言われたことがありました。ただ、延長保育があってその部屋を使うことがある日と私の退勤時間が重なってしまった場合、そこで着替えることができずに帰れないということがありました。そのときは自分で別の場所を探して、いつでも着替えられる場所を見つけて着替えるようになりましたが、園側が自分のことを考えてくれてちゃんとした場所を用意してくれていたのに、自分にとっては使いづらいということになってしまった。そういったことがなかなか言いだせなかったりすると、人によってはそれがストレスや悩みになる場合もあるかもしれません。このようになんでもないようなことが日々の悩みにつながってしまうのかもしれないので、自分がどうしたいのかということを主任や園長にしっかり伝えることが大事だと思います。

環境面以外でも、保育をしていると女性の保育士の先生とは保育に対する保育観のようなものにどうしても違いが出てくることがあります。それ自体は男性と女性のそれぞれの特有のよさを子どもたちが広く経験できるのでいいことだと思いますが、ときにはそういったところで自分はこうしたい！と思ったことが保育園全体や女性の先生には受け入れられにくいといったこともあります。

わかりやすい例で例えると保育園のプールでの活動があります。プールで遊ぶとき、子どもはすごくはしゃぎたくなるんです。先生に水をかけたりする子どももいます。ただ先生によっては、日にもよりますが、先生にかけて遊ぶのはだめだよと言う先生もいます。化粧が落ちてしまったり、下に水着を着ていないといったときがあるので、いま水に濡れてしまうと、子どもたちのプールを見守るのに誰か他の先生に補助をしてもらわなくてはいけないといったことがあるからです。その点、自分のような男性保育士の場合ですと、化粧もしていませんし、水に濡れたってかまわないので、子どもたちと水をかけあってたくさん遊ぶようにしています。ただ、子どもたちの年齢によっては、この先生には水をかけてよくて、あっちの先生には水をかけちゃだめ、など判断できない子どももいるのに、と思ってしまうこともあります。そういった場面で男女の保育観の違いを感じるかもしれません。

砂遊びなどもそうです。先生によっては爪を汚したくないという人もいるので、男性保育士の先生にとってはそういうことが続くとなんでそうなの？と不満に感じてしまうこともあるかもしれません。

Ｑ５　将来保育士を続けていくために必要なことは？

私の場合、十年ほど保育士を続けていますが、長く続けていくためには野心をもつことが大事だと感じています。先生によっては結婚するまでと考えている先生や生活ができるくらい働ければいいと考えている先生も多いと思いますが、男性保育士の場合は園長や主任になりたいといった目標や保育所を自分で開きたいといった目標をもって仕事に取り組んでいくことが長く保育士を続けていく秘訣だと思います。逆にそういった目標をもてずにいる男性保育士は辞めていく人が多いように感じています。

また、幼児体育などの専門的な知識を身につけるのもいいと感じています。近年、保育施設でも体育指導や水泳指導、幼児教育など保育所内の施設を利用して習い事ができる施設が多くなっています。そのようなところで子どもたちに指導ができれば、保育園側にとってはより必要な人材になっていくでしょう。評判や実力が積み重なっていけば、講師に招かれたりと仕事の幅も広がる可能性があります。

Ｑ６　男性保育士になるためにどんな人が採用されやすいと感じますか？

どんな人がというとすごくあいまいになってしまいますが、ポイントとしては園長の方針がいちばん重要になると思います。私立保育園では基本的には園長に最終決定権があるので、園長が男性の保育士が勤務する環境を作ることができないなど、なんらかの理由で男性保育士の採用自体を認めていなければ、その園で働くことは難しいでしょう。

ただ、幸いなことに待機児童の問題などから保育士自体の需要が高まっていることや、保育園自体に男性の保育士がいることのメリットなども認知されて広がってきているので、門戸は年々広がってきています。

Q7 そのようななかでどういった人材が求められるか？

まず大切なのは清潔感です。保育士は保護者と毎日関わる仕事ですので、接客業に必要な要素も含まれていると感じます。子どもを預かる先生に清潔感がなければ、保護者からの信頼も上がりにくいでしょう。自分の身の回りのことができていないのに子どもたちの衛生面などの指導や配慮などできるのか？と不安に感じさせてしまうようでは一人前の保育士とはいえません。男性の保育士なら髪の毛も短髪が基本になってくるでしょう。一時期「カリスマ保育士」といった髪が長いイケメンの先生が有名になりましたが、それはちゃんとした実績があって信頼を築いてきたからこそできるものだと思います。ですので、採用面接ならなおさら、清潔感をもった短髪でいくのがいいはずです。私も在職中に少し変わった髪形をしたときに園長に怒られたことがあります。そのときはすぐに直しました（笑）。いまの園長はやはりまだ昭和のころの考えの人が多いので、短髪で清潔感があるようにしたほうが印象はいいはずです。だんだん変わってきている雰囲気もあるようですが、現在勤務している保育園の男性保育士の先生は茶髪や長髪の先生は一人もいません。

またほかにも、明るさやコミュニケーションができるかなど基本的な要素は保育士の仕事でも必要になってきます。表情が豊かで、愛想がよかったりすると印象をよく感じます。

あとは保育園自体がどういう人材を求めているか、がやはり大切なポイントになってきます。例えば、即戦力になる男性保育士がほしいと考えている保育園であれば、経験年数とか指導技術など求められるスキルの基準が高くなると思います。保育園の保育方針を一から学んでもらって、人材を育てようと考えている園ならば、新卒の未経験者を採用したりするでしょう。すでに働いている男性保育士の評判がよければ、その先生の母校から採用したりといった話もよくあります。

あと、男性保育士の採用ですと、「これできる？　あれできる？」と聞かれることがよくあるようです。そんなときになんでもできると答えてしまうのは気をつけたほうがいいと思います。できないことをできると言ってしまうと採用された場合にあとから大変になってくるのもありますし、本当に自己分析できているのか、と感じさせてしまうこともあるので、返答にはネガティブになりすぎず、嘘がないようにうまい具合に答えられることがベストだと思います。

例えば、できないことをできるかと聞かれたときは、「まだ経験がないので、すぐには難しいですが、今後やっていけるようにしていきたい」などといった返答方法もいいと思います。私も採用された面接のときに、いろいろできるか聞かれたのですが、「それはまだできません」と答えたところ、採用されて少したってから、ちゃんと自己分析できていて印象がよかったと言われた経験がありります。場所によってはそれが正解ではない場合もあるかもしれませんが、あまりに求められるものが大きい場合などは、入ってからが大変ですので、よく考えて焦らず自分に合った保育園を探してもらいたいです。

Q８　保育士のサイトに、男性で三十歳を超えてから保育士をめざしたいといった相談が寄せられています。実際にめざすことは可能でしょうか？

私の場合ですが、まったくの他業種からだとあまり聞いたことがありません。ただ、もともと福祉関連で働いていた人や、スポーツクラブのようなところで指導していた人などが三十歳を過ぎてから初めて、これまでの経験を生かすべく保育士になったケースはあるし、私が勤務する保育園にも中途で保育士になった人がいます。女性の場合は、出産後などに保育士の資格を取得して保育士になられる人もたくさんいますが、男性の場合だと年齢を重ねるごとに保育士をめざしていくことは難しくなっていくように感じます。理由は様々あって一概には言えませんが、それでもめざしたい場合は、現職をなげうってまで保育士を志した理由をしっかりともっていないと難しいはずです。新卒者のように「子どもが好きで子どもと関わる仕事に就きたかった」などの理由では難しいと思います。

Q９　実際どんな保育士の人が入ってきてほしいですか？

個人的にはなんでも話してくれる、素直な人がいいです。年齢にもよりますが、「これをやってみようと思うんですけれど、どうやってやったらいいですか？」などチャレンジできる人がいいです。さらに結果的に失敗したことなども言えて、アドバイスを求めたり、改善しようというスタンスがとれるような人がいいと思います。十年ほど周囲を見てきて、そういった人が仕事もうまくやっていけているようです。

逆に、「何すればいいですか？」と指示を待っている人は難しいと感じます。勤務したての最初のころはいいですが、ある程度時間がたって経験を積んだ場合は、自分からこれをやってみようとか、こうしたらいいんじゃないか、と自分で考えて動ける人材がいいと思います。

Q10　保育園での男性保育士ならではのエピソードがあれば教えてください。

四、五月の入園したての子どもはあまり男性保育士に寄ってこないことが毎年のようにあります。子どもによって個人差もありますが、男性に慣れていない子の場合は、男の先生を見て泣いてしまったりします。母親に育てられている子どものほうが多いので、大好きな母親と離れてしまって母性を求めているところに男性が近づくと子どもにとっては怖く感じてしまうようです。保育園の方針にもよりますが、そういう時期には男性の保育士は入らないでといった保育園もありますし、関係なく保育に入ってくださいといったところもあります。やっぱり何もしていないのに泣かれてしまうとちょっと寂しい気持ちになりますが、だんだんと時間がたってくると、子どもも慣れてくれるようになります。最初のころが嘘のように笑顔いっぱいで慕ってくれる子どももいます。そんなときは保護者と一緒に最初に会ったときを振り返って、「泣いてばかりだったのにいまでは全然違いますね」とよく笑い話になります。こういった子どもの変化も見ることができるのも保育士のやりがいの一つに感じています。

## Q11　褒められたことや感謝されたことなどありますか？

保育園にはいろいろな環境で育っている子どもがいて、なかには母子家庭の子どももいますので、そういう子にとって男性保育士はいい刺激になるようです。いままでは男の人に人見知りしていたが、「先生と関わったことで人見知りが治りました」と言われて感謝されたことがあります。

また、私は体育などを中心に教えてきたので、「子どもたちが保育園以外での活動をして運動面で褒められることが多くなりました」と報告を受けたり、「運動が苦手だと思っていたんですけれど、先生に会ってから変わりました」などお褒めの言葉をもらうことがあります。そういった報告を受けると私自身もモチベーションが上がります。

保育園の先生という立場は、長い時間子どもたちと一緒に過ごすので子どもへの影響力がとてもあります。先生を見て育っていく面もたくさんあるので、愛情をもって子どもと接していけば、きっとそのようなエピソードはたくさん増えていくと思います。

## Q12　保育士になって気を使うことは？

保育園の付近や保護者が利用するような場所では気を抜かないように気をつけています。子どもは私たちが思っているより、すごく自分たちのことを見ていて、エプロンを新しいものに変えただけでも「先生のエプロン新しいね！」とすぐ気づいてくれます。そんな子どもたちですから、外で歩いているときなども「あ！、〇〇先生がいる！」と気づかれることもよくあります。一年目に勤務していたころのエピソードですが、退勤したときにとても疲れていてバスにやっと乗り込んでぐったりしてたときがあったんです。バスのなかに「うちの園に関係していそうな雰囲気の人がいないなー」と確認をしてから（職業病でしょうか）、ちょっと気が抜けて疲れきった姿勢でバスに乗っていたんです。するとバスが信号待ちをしているときに、「先生ー！先生ー！」とどこからともなく声が……窓を見るとうちの保育園の子がうれしそうに私を呼んでいたのです。そのときは慌てて姿勢を戻しました。一緒にいたお母さんにも「先生だいぶお疲れのようですね（笑）」と言われてしまいました。そんなことがあるので休日中や退勤後などもどこかで見られているといった意識はしっかりもっていることが大事だと感じました。

あと気をつけたほうがいいのは、女性の同僚の先生との付き合い方です。一般的な会社でしたら仕事帰りに飲みに行ったりするのかもしれませんが、私の場合は仕事帰りに同僚の先生と二人きりで食事に行くようなことはしないようにしています。行くとしても必ず三人になるように心がけていました。これも先ほどのようにどこで見られているかわからないので、変な噂になったり誤解を招かないために気をつけていることです。私たち先生が保育園の保護者全員を把握することは難しいですが、保護者のほうは先生のことをよく知っていますし、特に男性の先生ということで印象もより強いので関わりがないクラスの保護者からも知られている可能性は十分にあります。出勤中や帰宅中、自宅が勤務先から近い場合などは休日の際も節度のある行動を心がけるようにしています。

Q13　男性保育士の給料について教えてください。

新卒で採用された場合、保育園によっては大卒／短大卒など学歴によって違いがあったりしますが、男性ということで女性の保育士と差があったりすることはありません。ただ、勤務する保育園によっては、スポーツの指導やバスの運転を担当することで、手当として加算される場合があります。金額的な面では、雇用形態や地域によってかなり違いは出てくると思うので一概に言えませんが、例えば、正規職員で都内の保育園に勤務している場合だと、年収でだいたい三百万円から四百万円程度が平均的な金額だと思います。

また、保育士の給料に関してのいいところは、給料や賞与などが安定している点だと感じます。減額されたり、賞与が出なかったといったことをあまり聞いたことがありません。保育園児が急激に減るといったことはないですから、安定している業界といっていいと思います。

（中野悠人）

## 2 需要が高まる男性保育士

### ▼▼▼需要が高まる男性保育士

近年では、男性で保育士になる人も年々増加していて、昔のように珍しい存在といったイメージが少しずつなくなってきたように感じます。以前にカリスマ保育士と呼ばれる人が注目されたこともあり、男性保育士が各メディアなどで特集され、認知度も徐々に高まってきました。ただ、保育士全体に占める男性保育士の割合を見てみると、まだ全体の三パーセントにも満たないのが現状です。

しかし、この三パーセントにも満たない男性保育士たちがいままでの保育園にはなかった新しい環境を作り出しています。新しい環境といっても、特別なものではありません。男性の先生と「ドッジボールをする」「一緒にご飯を食べる」「遠足に出かける」など、男性が保育園で子どもと一緒に生活することであり、それは子どもたちが生活していくうえで、ごく自然な環境のことになります。子どもがより豊かに育つためには男性という存在を目で見て、様々な経験をすることが大切だといわれていますが、これまでは男性が保育士として子どもたちと接することがなかなかありませんでした。もちろん女性の保育士だけの環境でも子どもたちは成長していきますが、男性保育士がいることで、ダイナミックな遊びが経験できたり、仕草や行動も女性とは自然と異なっていきます。

そもそも声や体つきなどが違いますし、そういったところを見られる環境があるだけでも子どもにとってはいい刺激になるのです。

また、ほかにも男性保育士がいるメリットはいろいろあります。ここでそのいくつかをピックアップして紹介していきましょう。

## ▼▼▼保育園側の防犯対策に必要

近年では悲しいことに、いつどこで、子どもたちが危険な目にあってしまうかわからない時代になってしまいました。保育施設も例外ではなく、防犯対策の意識はとても高まっていて、子どもたちの安全について様々な対策をとっています。

そのようななか、男性の保育士が保育施設に一人でも常駐していたらどうでしょうか。女性だけの職場に比べて防犯性を高めることが期待できるでしょう。そうすれば、保護者のニーズにも応えられ、より需要に合った保育園を作っていくことができます。

## ▼▼▼女性職員にはきつい力仕事の軽減

保育園の業務にはデスクワークもありますが、体を動かす力仕事もたくさんあります。子どもたちの活発な遊びに一緒に参加することや、行事の準備などでたくさんの力仕事があるため、そういった場面はまさに男性保育士の活躍のしどこ

表22　保育士の総数と男性の割合

| 年 | 1995 | 2000 | 2005 | 2010 |
|---|---|---|---|---|
| 総数（人） | 305,090 | 361,488 | 419,296 | 481,500 |
| 男性（人） | 2,515 | 4,666 | 9,277 | 12,100 |
| 割合（%） | 0.8 | 1.3 | 2.2 | 2.5 |

ろです。必ずといっていいほど頼りにされるはずです。そんなとき、頑張れば男性保育士としての存在感をアピールする絶好のチャンスになりますし、また、女性の先生の力仕事の軽減にもなります。

ほかにも保育園の仕事のなかには男性に向いている仕事もあれば、女性に向いている仕事もあります。職員のなかに男性と女性がいることでうまく助け合っていけたなら、保育園全体がより効率的に運営されていくようになるでしょう。

ただ、なにもかも男性の仕事と女性の仕事に分けてしまい、引き受けた先生に負担が偏ってしまうようになると問題です。互いが助け合えるコミュニケーションがとれた協力関係を築いていくことが大切です。

## ▼▼▼課外保育で活躍

課外保育とは、公共の場所に出て過ごす保育で、例えば、「動物園への遠足」や「お泊まり保育で宿泊施設に泊まる」といった保育園の行事によくあるものです。そのたびに必要になるのが、園児をトイレに連れていくことです。公共のトイレに男の子を連れていく際は、女性の先生だと入り口までしかついていくことができません。通常は課外保育の場合、トイレに残っている子がいないか確認したり、不審者がいないかチェックするのが基本ですが、女性の先生しかいない場合はそこまでできないのが現状です。しかし男性の先生が一人いるだけで、この問題は容易に解決され、より安心して課外保育を楽しむことができます。

男性保育士がいるメリットをいくつか紹介しましたが、理解していただけたでしょうか。子どもたちが成長していくうえで、男性とともに時間を過ごすことは必要な経験です。保育園に通う子どものなかには母子家庭で普段から男性と接する機会がない子どももいます。小学校に入れば大人の男性と接することもできますが、幼児のときから経験できれば、子どもたちにとってもメリットが多いはずです。男性保育士が今後も徐々に増えていき、一つの保育園に一人以上の男性保育士がいるようになれば、多くの保育施設がいま以上によい保育を広く提供していけるのではないかと思います。

（中野悠人）

# 第7章 保育士業界ニュース

# 1　公立保育所の民営化

## ▼▼▼公立保育所の民営化について

まず民営化とは、国や地方公共団体が運営していた企業を民間に委託したり売却することで、以後の経営を民間がおこなうことを指します。近年の代表的な事例としては、二〇〇七年に民営化された日本郵政グループなどがあります。さらにさかのぼるとＪＲグループやＮＴＴグループなども民営化された企業です。なぜ民営化するのかというと、民営化される企業によって理由は異なり一概には言えませんが、現在は国の方針として小さな政府（行政の規模・権限を可能なかぎり小さくしようとする政策）をめざしているからで、今後も民営化の流れは続くと思われます。

そして、その流れは公立保育所にも及んでいます。二〇〇〇年ごろから公立保育所を民営化する事例が徐々に増え始めてきました。

## ▼▼▼民営化された事例

①東京都板橋区

板橋区は、第一次板橋区経営刷新計画に基づき、平成十六年八月に「板橋区立保育園の民営化基本方針」を策定し、三園の民営化をおこないました。
赤塚六丁目保育園（平成十八年度）
加賀保育園（平成十九年度）
高島平かえで保育園（平成二十年度）
また、平成二十六年度以降の取組みとして志村坂下保育園、栄町保育園、しらさぎ保育園の三カ所が民営化を予定しています。
（「板橋区立保育園の民営化の状況と今後の取組みについて」〔http://www.city.itabashi.tokyo.jp/c_kurashi/022/022662.html〕から要約）

②福岡県福岡市
福岡市では、二十一カ所ある公立保育所について七カ所を公立保育所として存続させ、残りの十四カ所については平成十七年度から順次民営化（平成二十三年四月時点で九カ所が民営化済み。残りの五カ所について平成二十四年から二十八年までの期間に民営化を予定）。
（「福岡市 公立保育所民営化」〔http://www.city.fukuoka.lg.jp/kodomo-mirai/hoiku/shisei/hoikusyominneika.html〕から要約）

前述のような民営化の事例は全国各地にみられます。公立保育所の民営化は自治体が決定しますが、自治体としては財政面でのメリットも大きく、今後も徐々に進んでいくとされています。

民営化の情報は自治体のウェブサイトなどで公開されていて誰でも閲覧することができるので、自身に関係する地域の民営化状況を一度調べてみるといいでしょう。

### ▼▼▼民営化によるメリットとデメリット

例えば東京都板橋区の場合、保育所の民営化について次のように説明しています。

「既存の区立保育園の設置・運営主体を板橋区から社会福祉法人に移行し、私立認可保育園として、保育サービスの更なる向上をめざした運営を進めていくものです。私立保育園になっても、入園手続き、保育料に変更はありません。入園は区に申込み、区が決定し、保育料は区立・私立とも同額です」(「板橋区立保育園の民営化基本方針」〔http://www.city.itabashi.tokyo.jp/c_kurashi/007/007223.html〕)

この民営化についての記述からは、要するに民営化することで「料金は変わらずに保育サービスを向上させる」という印象を受けます。ここだけを見ると、いいことを進めているように感じますが、実際の民営化にはデメリットもあるのが実情です。以下に公立保育所の民営化に関するメリットとデメリットを記しました。

①メリット

・保育サービスの向上：特別保育事業の実施(早朝保育、乳児保育、延長保育、休日保育)をはじめとした保護者のニーズに対応しやすくなることや独自サービス（送迎、独自行事、独自教育など）に期待がもてる。

・地方自治体の人件費の削減：公立保育所の場合、人件費には国民の税金が使われていて、公務員定数を抑えることで人件費の削減につながる。

・運営の効率化・受け入れ児童数の増加など：非常勤職員やアルバイトなどを採用することで、基準を満たしながら受け入れ態勢を整え、運営の効率化を図ることで、受け入れ児童数などの増加につながり、待機児童の解消につながる可能性がある。

②デメリット

・非正規保育士の増加：保育所運営費の大半は人件費なので、民営化されることで非正規の職員が増える可能性がある。非正規雇用にはメリットはあるものの低賃金などの問題も抱えていて、職員の入れ替わりが頻繁になることで、子どもたちの安定した保育を妨げる可能性がある。

・全職員の入れ替わり：運営主体が自治体から民間に替わると、職員も基本的に全員入れ替わることになる。それによって、これまで信頼関係を築いてきた保護者や園児が戸惑う可能性がある。

メリットに挙げられたサービスの向上や独自サービスの展開は、子どもを預ける親が対象であり、預けられる子どもにとっては長時間親元から離されてしまう、一人あたりの保育室などの面積が狭くなるなどといった問題が生じる場合もあります。そのためメリットと思われる点も、見方によってはデメリットになりえます。実際に保育所の民営化には問題が起きているのも事実で、民営化に反対する保護者がその取り消しを求めた裁判を起こした事例もあります。

公立保育所の民営化には問題があるものの、現在も着々と進んでいます。そのなかで独自性のある保育所や共働き家庭などのニーズにも応えられるような保育所に生まれ変わり、一定の評価を得ているところがあるのも事実です。

これから保育士をめざす人にとっても関係してくることなので、自分なりに考えてみてください。

（中野悠人）

## 2 食育を知ろう

「食育」という言葉を耳にしたことはあるでしょうか。食育とは、もともとは一九〇〇年ごろからある言葉で、「食」に関する経験を通じて、「食」に対する知識を高めたり、健全な食生活を実践できるようにする教育です。味覚が発達する子どものころにジャンクフードなどで育つとそれに慣れた味覚ができあがってしまい、大人になっても健全な食生活に戻りにくくなる可能性があるといわれています。そのため子どもにとって食育は大切で、子どもたちには食育を学べる環境を与えることが必要です。それには、いちばん食事をともにするだろう両親の食に対する意識を高め、親子で一緒に食について学ぶことが、健全な食生活を実践できるようになる重要なポイントといえるでしょう。また、子どもたちが両親と同じくらい食事をともにすることが多いのが保育士です。保育所では昼ご飯とおやつの時間があるため、一日に二回も子どもたちと食事を一緒にとることになります。そのため保育士も食育についての知識をもっておく必要があるでしょう。「なぜ好き嫌いをしないでご飯を食べるのか?」「食事の大切さ」「料理を作る力」など子どもたちに教えることはたくさんあります。

厚生労働省が告示する保育所での保育の内容や運営に関してまとめた「保育所保育指針」(http://www.mhlw.go.jp/bunya/kodomo/hoiku04/pdf/hoiku04a.pdf)の「第五章　健康及び安全」にも食育についてしっかりと記載されています。

「保育所保育指針」の第五章「健康及び安全」、第三節「食育の推進」

保育所における食育は、健康な生活の基本としての「食を営む力」の育成に向け、その基礎を培うことを目標として、次の事項に留意して実施しなければならない。

(一)子どもが生活と遊びの中で、意欲を持って食に関わる体験を積み重ね、食べることを楽しみ、食事を楽しみ合う子どもに成長していくことを期待するものであること。

(二)乳幼児期にふさわしい食生活が展開され、適切な援助が行われるよう、食事の提供を含む食育の計画を作成し、保育の計画に位置付けるとともに、その評価及び改善に努めること。

(三)子どもが自らの感覚や体験を通して、自然の恵みとしての食材や調理する人への感謝の気持ちが育つように、子どもと調理員との関わりや、調理室など食に関わる保育環境に配慮すること。
（四）体調不良、食物アレルギー、障害のある子どもなど、一人一人の子どもの心身の状態等に応じ、嘱託医、かかりつけ医等の指示や協力の下に適切に対応すること。栄養士が配置されている場合は、専門性を生かした対応を図ること。

『保育所保育指針』内では硬い文章でまとめて書かれていますが、厚生労働省が『保育所保育指針解説書』（フレーベル館、二〇〇八年）を発行しているので、併せて確認するとより食育について理解が深まるはずです。例えば、「保育所保育指針」の第五章第三節「食育の推進」の（一）の内容については以下のように詳しく解説されています。

①食育の目標
　保育所における食育は「食を営む力」の育成に向け、その基礎を培うために、毎日の生活と遊びの中で、自らの意欲を持って食に関わる体験を積み重ね、食べることを楽しみ、大人や仲間などの人々と楽しみ合う子どもに成長していくことを期待するものです。食育の実施に当たっては、家庭や地域社会と連携を図り、それぞれの職員の専門性を生かしながら、ともに進めることが求められます。
②食育の内容

「保育所における食育に関する指針」が示す食育の五項目を参考に、保育の内容に食育の視点を盛り込むよう努めることが必要です。食に関する体験がこれらの項目の間で相互に関連を持ちながら総合的に展開することができるように援助します。

食育に関連する事項は、第三章（保育の内容）及び第四章（保育の計画及び評価）に深く関わります。特に、保育の養護的側面（生命の保持・情緒の安定）と教育的側面（健康・人間関係・環境・言葉・表現）の内容に、食育の視点が盛り込まれています。これらの内容を踏まえ、各保育所で計画的に食育に取り組むことが必要です。

コラム：◎「食育の五項目」

「保育所における食育に関する指針」では食と子どもの発達の観点から食育の五項目を以下のように設けています。

（1）「食と健康」：健康な心と体を育て、自らが健康で安全な生活をつくり出す力を養う

（2）「食と人間関係」：食を通じて、他の人々と親しみ支え合うために、自立心を育て、人と関わる力を養う

（3）「食と文化」：食を通じて、人々が築き、継承してきた様々な文化を理解し、つくり出す力を養う

（4）「いのちの育ちと食」：食を通じて、自らも含めたすべてのいのちを大切にする力を養う

（5）「料理と食」：食を通じて、素材に目を向け、素材にかかわり、素材を調理することに関

(一)の項目だけでもこれだけていねいに解説されています。食育についてのねらいや配慮、指導・対応の仕方など参考になる記載がたくさんあるので、ぜひ一度目を通してください。

食育の知識は保育士にとって必ず役に立つでしょう。保育士は、子どもたちにとって、その姿に憧れたりまねしてみようと思ったりと、成長する過程で大きな役割をする存在です。そういったなかで子どもに教える得意なことに食育があればすばらしいことだと思います。子どもたちに自信をもって指導できる項目が増えれば、自分自身の保育のスキルアップにもなりますし、子どもたちや保護者からの信頼にもつながるでしょう。

なんとなく「いっぱい食べないと大きくなれないよ」と子どもに言い聞かせるだけでなく、食育のねらいや必要性、指導の方法などを保育士が理解して子どもと接することで、指導の幅が広がるはずです。「先生のおかげで、ニンジンを食べるようになったんです」などと保護者から報告してもらえたときなどは、食育について勉強してきたことが報われ、きっと保育士としてやりがいを感じるはずです。

子どもたちを指導した経験がある人はわかると思いますが、子どもたちは素直で、保育士の影響を多く受けます。保育士の教え方一つで子どもたちの反応は変わりますし、興味をもってくれたりするので、そこが保育士としてはおもしろいところでもあり、責任を感じる部分でもあります。したがって、保育士として保育現場に立つ際はぜひ、「食育」に対する知識を高めて子どもたちと過ごしてほしいものです。

（中野悠人）

## 3　幼保一元化

### ▼▼▼幼保一元化とは

幼保一元化とは、基準が異なる「幼稚園」と「保育所」の一元化を図ろうとする政策のことです。

幼稚園と保育所とでは、所管が文部科学省と厚生労働省で分かれるほか、設置・運営の基準や保育時間など様々な違いがあります。少し前までは、その違いのなかで住み分けがされていて問題はありませんでした。しかし近年、長引く不況などの影響から共働きの世帯が増加したため、保育所が足りずに待機児童が増えています。一方、幼稚園では子どもを預かる時間が少ないことから共働きの世帯のニーズに合わず、園児数が年々減少する傾向にあります。そのような両者の問題を幼稚園と保育所を一元化して解決しようという政策が幼保一元化です。

同じねらいで創設された施設に「認定こども園」があります（詳しくは、次節「認定こども園」を参照）。これは幼稚園と保育所が現行の法的な位置づけを保持したまま混在している施設です。法的な位置づけ自体から一元化するという幼保一元化とは少し異なる点を覚えておきましょう。

※幼稚園と保育所は元来別物であり、幼稚園は幼稚園教諭、保育所は保育士の資格が必要です。管

表23　幼稚園児の減少と保育園児の増加

| | 認定件数 | 公私の内訳 | | 類型別の内訳 | | | |
|---|---|---|---|---|---|---|---|
| | | 公立 | 私立 | 幼保連携型 | 幼稚園型 | 保育所型 | 地方裁量型 |
| 2012年 | 911件 | 182件 | 729件 | 486件 | 273件 | 122件 | 30件 |
| 2011年 | 762件 | 149件 | 613件 | 406件 | 225件 | 100件 | 31件 |
| 2010年 | 532件 | 122件 | 410件 | 241件 | 180件 | 86件 | 25件 |
| 2009年 | 358件 | 87件 | 271件 | 158件 | 125件 | 55件 | 20件 |

（出典：「22-2　都道府県別幼稚園及び保育所（昭和50年―平成23年）」〔www.stat.go.jp/data/nenkan/zuhyou/y2202000.xls〕）

轄も幼稚園は文部科学省、保育所は厚生労働省で運営方針が異なります（文京区幼保一元化検討委員会「幼保一元化の必要性を検討した実例」を参考）。

（1）必要性

幼保一元化の必要性は、次の点に整理できる。

・これまでの幼稚園、保育園に幼保一元化施設を加えることにより、保護者の就労形態にかかわらず、子どもが保育・教育の機会を等しく得ることができるよう、保護者の選択肢の拡大が図れる。

・年齢、生活環境等が異なる子どもや、複数の保育者と共に生活することが、より望ましい発達を促す効果が期待できる。

・保育園の待機児対策としての効果がある。

「文京区幼保一元化検討委員会第一次答申」（http://www.city.bunkyo.lg.jp/library/sosiki_busyo/kaikaku/kuminkaigi/1toshin-yohoichigen.pdf）

## ▼▼▼幼保一元化の問題点

幼保一元化は、幼稚園と保育所が抱える課題を解決し、育児環境を整備するうえでも必要な政策になっていますが、問題点がないわけではありません。むしろ問題点が多くなかなか思うように進んでいないのが現状です。例えば、「資格」の問題があります。子どもを預かるためには必ず資格をもつ人材を配置しなくてはいけませんが、幼稚園と保育所では必要な資格が異なります。幼稚園と保育所が一元化された場合、職員の資格はどうなるのか、といった問題が出てきてしまうのです。職員が両方の資格を保持していれば問題はありませんが、どちらか一方の資格で働いている職員も多くいます。そのような場合は一元化するにあたり、どうするのが最善なのでしょうか。資格自体を統合して新しいものにするという方法も考えられますが、一筋縄ではいかない問題がたくさんあるのが現状です。

また、幼保一元化となると保育と教育の「総合施設の設置」という位置づけがされて保育所ではなくなるため、いままでのような補助金を出す義務が見直される可能性があります。国にとっては財政の負担を減らすメリットになりますが、利用者にとっては、保育への国からの財政支出が削られるということで、職員配置や設備の基準が維持できるかどうか、保育料の値上げにつながらないか、保育予算に地域ごとの格差が生まれないかなどが懸念されています。

特に、幼稚園と保育所が一元化された場合、子どもたちにふさわしい保育・教育の内容や環境をどう保障していくかという論議がされずに、「職員の配置基準を幼稚園と同じにする」「保育所に設置が義務づけられている給食の調理室を廃止する」など基準が低いほうにそろえられ、予算削減をメインに進んでいってしまうと新たな問題が発生する可能性があります。こうした様々な問題や懸念を一つひとつ議論を重ねて解決していかなければいけないため、幼保一元化はなかなか進まないのです。

ただ、幼保一元化はこれからの多様化する保育ニーズに応えるためにますます必要になってくる政策です。そもそも子どもがどんどん増えていた時代に作られたルールでは少子高齢化の時代に対応しきれなくなってきているのが実情です。今後は、幼保一元化がさらに進展し、利用者にとってよりよい政策の実現が期待されています。

文京区幼保一元化検討委員会「幼保一元化の基本的な考え方」

幼保一元化は、子どもの視点に立ち検討を進める必要がある。それを基本としたうえで、幼保一元化を検討するにあたっての基本的な考え方は次のとおりである。

・文京区における幼児教育の歴史や保育のレベル、地域性などに対応した文京区にふさわしい幼保一元化を検討すべきである。年齢、生活環境等が異なる子どもや、複数の保育者と共に生活することが、より望ましい発達を促す効果が期待できる。
・保育園・幼稚園双方のよさが生かされた施設となる工夫が求められる。
・各年齢の発達段階に応じた教育・保育については、子どもにとってより良い生活が保障されるよう配慮することが望まれる。
・就学前教育・保育と小学校教育との連携を推進し、学びの連続性を確保する観点が重要である。
・子どもとともに親が育つ環境の整備が必要である。
・幼保一元化施設が、子育てに関する地域のネットワークづくりに寄与する機能を果たすことが望まれる。
・国において検討している「総合施設」の動向を踏まえ検討する必要がある。

（中野悠人）

## 4　認定こども園

「認定こども園」という施設を耳にしたことがあるでしょうか。聞いたことはあるけれど、実際にはよくわからないという人も多いかもしれません。認定こども園はこれから徐々に増えてくる可能性がある施設です。今後、保育士をめざす人でしたら関わる可能性は十分にありますし、認定こども園について聞かれることもあるかもしれません。そんなときのために少し知識を広げておきましょう。

## ▼▼▼認定こども園とは

認定こども園とは、保育所と幼稚園のいいところや不足している点などを補い、これからの新しい保育ニーズに対応させることを目的とした保育施設のことを指します。保育所と幼稚園では別々の基準があるため、保育時間や教育面など様々な部分で違いがありました。いままではその違いが保育所と幼稚園の特徴ともいえるものであり、特に問題はなかったのですが、近年の保育ニーズの多様化に伴い、改善してほしいといった声が徐々に大きくなってきました。また、待機児童の増加や幼稚園の園児数減少などの問題も重なり、そういった問題の解消にも役立つとされ、誕生したのが認定こども園です。

既存の保育所や幼稚園が認定こども園として認定されるには、その施設が決められた条件を満たす必要があり、その認定基準を満たすと、都道府県知事から認定こども園として認定を受けることができます。

その数は二〇〇六年十月一日に条例が施行されて以来、徐々に増えていき一二年四月一日現在の「認定こども園」の認定件数は、全国で九百十一件になっています。

## ▼▼▼認定こども園が作られた理由

ここではなぜ認定こども園ができたのか、その理由をより詳しく見てみましょう。

「待機児童の増加」と「幼稚園の園児数の減少」

近年、共働き世帯が増えたことで子どもを保育所に収容しきれず、入園できない待機児童が増加しているという問題があります。

現在では都市部を中心に約二万三千人前後の待機児童がいるとされ、保育所が足りない状況が続いています。その一方で、保育時間が少ない幼稚園の入園者は減少傾向にあり、一九八七年の園児数二百四十九万八千人をピークに減り続けています。そのような背景のなかで、既存の幼稚園が認定こども園として新しくスタートし、保育所の利点を取り入れた施設になることで児童数を確保できるようになり、問題だった待機児童の数も減らすことができるといった、まさに一石二鳥の対策が認定こども園の設置というわけです。

また、近年の保育ニーズの多様化によって、保育所に、幼稚園のような教育面の指導をおこなってほしいといった声が保護者から寄せられていました。こうした要望に対応するための役割も期待されています。

### ▼▼▼認定こども園の四つのタイプ

①幼保連携型：既存の認可幼稚園と既存の保育所が連携して一体的な運営をする。

・幼保共通の活動をおこなう。

表24　認定こども園の認定件数の推移

| | 認定件数 | 公立 | 私立 |
|---|---|---|---|
| 2009年 | 358件 | 87件 | 271件 |
| 2010年 | 532件 | 122件 | 410件 |
| 2011年 | 762件 | 149件 | 613件 |
| 2012年 | 911件 | 182件 | 729件 |

（出典：文部科学省・厚生労働省幼保連携推進室「認定こども園の平成二十四年四月一日現在の認定件数について」〔http://www.youho.go.jp/press120425.html〕を参考）

・親の就労にかかわらず、午前は幼稚園教育、午後は保育所での保育が受けられる。
②幼稚園型：既存の幼稚園に保育所機能を加える。
・「預かり保育」よりも実施期間と時間が拡大する。
・利用料は各園によって異なる。保育所の補助金が出ないため、保育サービスを受けない人の利用料も上がる可能性がある。
③保育所型：既存の保育所に幼稚園機能を加える。
・児童（三歳以上）に対して、従来幼稚園でおこなわれていたような教育的な要素がある時間を組み込む。
④地方裁量型：都道府県が独自に認める。
・地域のニーズに応じて多様な施設を作ることができる。
・利用料は自由設定のため、サービス内容によっては利用料が上がる可能性がある。

認定こども園は、右記のような四つのタイプが存在します。既存の保育所や幼稚園が施設の認定基準を満たして作られたものが「幼稚園型」「保育園型」として運営されている場合や、園児数が減った既存の幼稚園などが、「地方裁量型認定こども園」としてスタートするケースなども見られます。

## ▼▼▼まとめ

実はこの認定こども園に、問題がないわけではありません。補助金の違いなどで保育料が値上がる可能性があったり、保育士資格と幼稚園教諭免許という保育者の資格の違い、同じ園の保護者なのに働いているかいないかによって負担が違ってしまったりするなどの問題点も浮き彫りになっています。制度自体まだ十年も経過していないため、まだまだ改善の余地がありそうです。ただ、待機児童の減少には少なからず効果がありますし、幼稚園のような教育の機会を保育所に通う児童にも設けることはとてもいい取り組みといえるので、今後さらに優れたサービスになることに期待していきたいと思います。

（中野悠人）

## 5　保育士は命を預かる仕事1——ケガや事故から子どもを守るということ

保育士として働くうえでいちばん大切なことは、「大事な子どもの命を預かっている」ということを常に頭に入れておくことです。これから保育士をめざそうと思っている人たちにも、いまからでもこのことを忘れないでほしいと思うほどです。

子どもは、親が見ていても病気で熱を出したり、転んだりぶつかったりしてケガをします。保育所では、多くの子どもたちを限られた人数の保育士で守っていくので、ただ目の前で起こっていることだけを追うのではなく、視野を広くもって何が起きるのか、起きようとしているのか、起きる可能性があるのかを常に考えておく必要があります。

〝子どもを取り巻く環境を整える〟ことは保育をおこなう環境だけではなく、子どもの命を守る、すなわち安全の確保を徹底的におこなうということではないかと思います。

「お子さんを、預かったときと同じ状態で保護者にお返しするのが原則」ということを、私は常々、教えている学生たちに話をします。しかし、悲しいことに事故やケガが起きてしまう現状がありますす。

保育施設での事故報告が厚生労働省のウェブサイト（http://www.mhlw.go.jp/stf/houdou/2r98520000010lkr.html）で発表されています。二〇〇九年十二月から一〇年十二月三十一日までに報告があった五十件を見ると、

・負傷は報告数が三十八件で、四歳児が最多
・死亡事故は十二件で、〇歳児が最多
・事故が起こった場所は、死亡事故では保育室などの室内が多いが、負傷事故も含めると園内の室内以外の室外や、外出先など圏外での事故など

以上のことが報告されています。

## ▼▼▼負傷事故について

ケガの内訳では骨折が多く、原因は転倒や転落がいちばん多いようです。保育室で滑って転んだ、友達とぶつかって転倒した、段差につまずき転んだなどがよく見られます。子どもは一度走りだしたらすぐには止まれません。あっと言う間にケガにつながることも多々あります。また園庭では、

鉄棒から落ちた、滑り台から落ちた、走って転んだ、ぶつかったなど……やはり、気をつけていても起こる事故が多いのです。

報告されている負傷事故は、ほんの一部でしょう。子どもは常にケガをしているといっても過言ではありません。子ども同士のトラブルで、たたいた、たたかれた、蹴られた、蹴り返した、ひっかいた、噛みついた……など、ケガをする要因はたくさんあるのです。

それをふまえたうえで保育士は常に子どもを見守り、子どもを預かっている責任感をもち、何か起こった場合には、なぜそのようなことになったのかを主任や園長、そして保護者に報告できるようにしておかなくてはいけないことも忘れないでほしいと思います。

## ▼▼▼死亡事故について

死亡事故のほとんどは〇歳、一歳で起こっているのですが、原因はSIDSというものです。SIDSとは「乳幼児突然死症候群」といって、それまで元気だった赤ちゃんが眠っている間に突然死んでしまう病気です。保護者たちの悲しみを考えると気の毒でなりません。有名な女性芸能人の子どもや、関取の子どももこの病気で亡くなっています。二〇一一年には、全国で百四十三人の子どもが亡くなっているそうです（厚生労働省ウェブサイト発表）。

この病気の予防として、うつぶせ寝を避ける、妊娠中の喫煙をやめる、できるだけ母乳で育てるということが挙げられています。妊娠中の喫煙と母乳育児に関しては保育士は手助けができませんが、保育のなかで、子どもにうつぶせ寝をさせないということは、保育士ができる配慮になりますので覚えておいてほしいと思います。

これ以外にも、過去に起こった死亡事故には、散歩の途中に子どもたちの列に車が突っ込んできたという事故や、保育園のバスのなかで寝ていることに気づかれず放置されて熱中症で亡くなった子どももいます。

保育士の責任ではないかもしれない出来事も、保育士の配慮で未然に防げることがあるということを知ってもらえたでしょうか。最近では、給食でのアレルギー除去食についてのトラブルなども社会問題になっています。子どもを預かるのは、命を預かる仕事だということを肝に銘じてください。

## 6　保育士は命を預かる仕事2――災害時に子どもの命を守るには

二〇一一年三月十一日十四時四十六分に東日本大震災が起こり、多くの人々が命を失い、東北の人たちの生活が一変してしまったことは記憶に新しいかと思います。岩手県、宮城県、福島県の三県のうち、被害にあった七百カ所以上の保育所で、保育途中の子どもの死亡は一施設の三人だけだったという報道がありました。

十四時四十六分という時間は、保育所ではおやつの前の時間で、昼寝から目覚めるころであり、まだぐっすり眠っている子どもたちも多いときなのです。保育士は子どもたちを起こし、自分で歩けない子はおんぶをしたり、抱っこをしたり、また歩ける子どもを励ましながら高台に逃げたのでしょう。

運がいいだけでは、保育中に亡くなる子どもが一施設の三人だけということは起こりません。たくさんの乳幼児を預かる保育所では定期的に避難訓練をおこなうことが義務づけられています。日頃から、避難通路の確認、避難場所の確保を怠らず、子どもたちにも避難経路を覚えさせるということがこの結果につながりました。保育士たちは限られた人数で子どもたち全員の命を守ったといえます。

保育士にも家族があり、子どもがいる人もいるでしょうが、保育士という仕事に就いたからには、預かっている子どもを全員保護者に引き渡すことが優先です。保育所の子どもたちと一緒に避難場所で一夜を明かすこともあるでしょうし、保育所自体が避難場所になることもあります。

保育士の仕事とは、覚悟も必要な仕事なのです。

（山下智子）

［著者略歴］
中野悠人（なかの・ゆうと）
1983年生まれ
滋慶学園東京スポーツ・レクリエーション専門学校チャイルド・スポーツ科（現・こども保育スポーツ科）卒業。保育士資格・幼稚園教諭二種免許を取得。私立幼稚園勤務後、現役の保育士や児童福祉施設に関わる人を取材し、保育士に興味をもっている人に向けたウェブサイト「やさしい保育士入門」（http://hoikusi.biz/）を制作・運営。共著に『先輩が教えてくれる！新人保育士のきほん』（翔泳社）がある

山下智子（やました・ともこ）
1966年生まれ
九州大谷短期大学幼児教育学科卒業後、私立・公立の保育所に勤務。その後、滋慶学園東京スポーツ・レクリエーション専門学校こども保育スポーツ科で保育実習や進路相談で多くの学生指導にあたる。近畿大学九州短期大学通信教育部の非常勤講師も務めている。共著に『先輩が教えてくれる！新人保育士のきほん』（翔泳社）

保育士《ほいくし》になろう！

発行――2014年2月23日　第1刷
　　　　2017年5月10日　第2刷

定価――1600円＋税

著者――中野悠人／山下智子

発行者――矢野恵二

発行所――株式会社青弓社
〒101-0061 東京都千代田区三崎町3-3-4
電話 03-3265-8548（代）
http://www.seikyusha.co.jp

印刷所――厚徳社

製本所――厚徳社



ISBN978-4-7872-3369-1　C0036